다섯 개의 의자, 다섯 가지 선택

5 Chairs 5 Choices

Own your behaviors, master your communication, determine your success
by Louise Evans

다섯 개의 의자, 다섯 가지 선택

탁월한 팀을 만드는 데 꼭 필요한 대화법

루이스 에반스 지음 | 이진희 옮김 | 김보경 감수

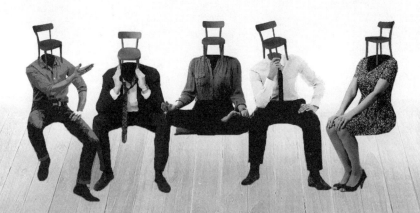

5 Chairs 5 Choices

한국NVC출판사

일러두기

- 이 책의 차례는 원서와 같이 본문에서 핵심적인 항목만 간추린 것입니다.
- 본문의 각주는 모두 옮긴이의 주입니다.

이 책을 비폭력대화 창시자인 고(故) 마셜 로젠버그에게 헌정합니다.

그의 가르침은 제 삶을 변화시켰고

다섯 개의 의자를 설계하는 데 영감을 주었습니다.

차례

감사의 말

다섯 개의 의자 프로그램이 발전하는 데 기여한 수천 명의 참가자.
항상 저를 믿고 격려해주는 사랑하는 친구들.
새로운 여정을 위해 많은 관심과 지원을 아끼지 않는 코치님과
멘토님들. 저를 탄생시킨 저의 특별한 팀: 지안까를로, 린, 테스
그리고 시몬. 지혜의 진주로 끊임없이 저를 인도해주는 우리 오빠 닉.
아울러 항상 곁에 있어주는 제 인생의 사랑 자말.

추천사

개인을 위한 자기계발을 넘어
조직 전체의 정서 지능을 높이는 '다섯 개의 의자' 모델

오늘날의 직장과 조직은 조직원 개인과 리더에게 단순한 성과 그 이상을 요구하고 있습니다. 모두에게 점점 더 중요한 과제로 떠오르는 것은 변화의 흐름에 유연하게 대할 수 있는 능력 그리고 갈등을 창조적 해결의 기회로 볼 수 있는 태도입니다. 그와 동시에 구성원 간의 연결과 신뢰에서 오는 협력을 바탕으로 한 건강한 조직문화를 만드는 것입니다. 이러한 조직문화를 가꾸기 위해서는 구성원과 리더가 함께 새로운 이해와 기술을 습득해야 합니다. 그런 의미에서 루이스 에반스의《다섯 개의 의자, 다섯 가지 선택》은 개인과 조직, 리더 모두에게 유익한, 매우 실용적이고 깊은 통찰력을 재미있게 배울 수 있는 안내서입니다.

이 책은 우선 직장인 개인이 주위에서 일어나는 일들에 대해 느끼는 자신의 감정과 거의 무의식적으로 보이는 자신의 반응을 의식하고 거기서 벗어나 의식적인 반응을 선택하는 데 도움이 되는 구체적인 스텝을 보여줍니다. 동시에 조직 전체가 더 성숙하고 공감적인 커뮤니케이션 문화를 형성하는 데 꼭 필요한 기반을 제공합니다. 비폭력대화에 바탕을

두고 저자가 개발한 강력한 마음도구인 '다섯 개의 의자'는 판단하기와 비난하기, 원망하고 불평하기, 상황을 부정하거나 외면하기 등 다양한 정서적 반응 패턴을 상징합니다. 이러한 패턴은 개인의 일상적인 소통은 물론, 팀 내 협업, 갈등관리 등 다양한 리더십 역량 개발과 깊이 연결되어 있습니다.

여러분이 이 책을 직장과 조직에서 활용하면 다음과 같은 방식으로 개인과 조직에 기여할 수 있습니다.

- **감정 관리 능력 향상**: 매 순간 자기감정을 인식하고 다루는 능력을 키우면 감정에 휘둘리지 않고 감정이 주려고 하는 지혜로운 메시지를 이해해 성숙하게 대응할 수 있습니다.
- **효과적인 소통문화 형성**: 판단이나 비난이 아닌 이해와 공감을 바탕으로 소통함으로써 직장이나 공동체에서 질적인 인간관계를 맺고 연결, 소속감, 의미를 경험하게 됩니다.
- **건강한 피드백 문화 정착**: 개인과 조직의 성장에 필수적인 건강한 피드백을 상대를 존중하는 방식으로 주고받는 방법을 익힐 수 있습니다.
- **리더십 개발 및 조직 전반의 성숙도 향상**: 조직의 각 리더가 '다섯 개의 의자'를 통해 더 넓은 시야와 선택지를 가질 수 있으며, 이는 곧 조직문화의 전환으로 이어집니다.

그럼으로써 이 책은 개인을 위한 자기계발을 넘어 조직 전체의 정서 지능을 높이고 건강한 관계를 회복하는 데 중요한 도구를 제공합니다.

《다섯 개의 의자, 다섯 가지 선택》은 한국의 직장인들과 기업, 기관의
리더들에게 새로운 인사이트와 실천의 기회를 열어줄 것이라 확신합니
다. 새로운 변화의 출발점이 되기를 진심으로 바랍니다.

캐서린 한
한국NVC센터 고문

서문

우리의 행동은 세상에 엄청난 영향을 끼칩니다. 삶을 살아가고, 사랑하고, 일하며, 양육하고, 이끄는 모든 것에 영향을 주죠. 우리는 너무나도 잘 압니다. 삶을 풍요롭게 가꾸고 행복을 키워가는 행동이 있는가 하면, 에너지를 빼앗고 관계를 망가뜨리는 행동이 있다는 걸 말입니다.

마지막으로 자신이 잘못된 행동을 했구나 하고 알아챈 것이 언제인가요? 아마도 배우자와 다투었거나, 자녀 때문에 폭발했거나, 직장 동료에게 모진 말을 했거나, 스스로 실수해서 자책했을 때가 떠오를 겁니다. 그때 기분이 어땠나요?

또 마지막으로 자신의 행동이 자랑스럽게 느껴진 적은 언제였습니까? 좌절한 친구가 속마음을 꺼낼 수 있도록 끈기 있게 이야기를 들어주었거나, 일터에서 누군가를 칭찬했을지도 모르죠. 아니면 당신이 하지도 않은 일을 꼬투리 삼아 당신을 원망하는 배우자를 용서했거나, 그저 당신이 아낀다는 사실을 보여주고 싶은 마음에 기꺼이 누군가를 포용했을 수도 있습니다. 그때는 기분이 어땠나요?

이 책에는 우리의 행동에 관한 이야기가 담겨 있습니다. 생산적인 것과 비생산적인 것, 의도한 것과 그렇지 않은 것, 우리 자신의 것과 다른 사람의 것을 고루 아우릅니다.

우리는 모두 행동의 설계자입니다. 아침에 침대에서 일어나 다시 잠들때까지 쉬지 않고 행동합니다. 때로는 의식적으로, 대부분은 무의식적으로요.

'내가 왜 그랬을까?' 하고 의아해하거나 '아, 그런 말은 하지 말걸!' 하고 후회해본 적이 있겠지요? 때로 우리는 왜 우리가 그런 방식으로 행동했는지 이해하지 못합니다. 삶은 펼쳐지고, 한 가지 일은 또 다른 일로 이어지며, 우리가 깨닫기도 전에 우리는 자신과 상황에 대한 통제력을 상실하고 마니까요.

노자의 말씀은 항상 우리에게 이런 가르침을 상기시켜줍니다.

생각을 조심하십시오, 언젠가 말이 되니까.
말을 조심하십시오, 언젠가 행동이 되니까.
행동을 조심하십시오, 언젠가 습관이 되니까.
습관을 조심하십시오, 언젠가 성격이 되니까.
성격을 조심하십시오, 언젠가 운명이 되니까.

저는 이 책의 배경으로 직장을 골랐습니다만, 당신이 읽을 내용은 집에서 가족에게도 똑같이 적용할 수 있는 개념입니다. 왜 직장이냐고요? 우리가 삶의 대부분을 보내는 곳이고, 일상의 거의 모든 행동이 일어나는 장소이기 때문이죠.

이 책의 핵심은 제가 개발한 강력한 마음도구인데, 이를 저는 '다섯 개의 의자'라고 부릅니다. 이 다섯 개의 의자가 우리를 변혁의 여정으로 이끌 겁니다. 자신을 계발하는 데 관심 있는 독자라면 누구나 이 책의 내용이 자아내는 울림을 느낄 겁니다. 리더와 전문 조력자들은 지원과 지지를 발견할 수 있을 테고요. 이 책의 모든 페이지는 우리가 모두 훨씬 더 의식적인 방식으로 우리 자신을 최상의 모습으로 가꾸어 세상에 내놓길 원한다는 야심 찬 열망에서 영감을 받았습니다.

책의 비하인드 스토리

삼십 년이 넘는 지난 세월 동안 저는 엄청난 행운을 누렸습니다. 몇몇 뛰어난 스승들이 나누어준, 삶에 변화를 일으키는 교훈으로부터 혜택을 받았기 때문입니다. 비즈니스 세계와 영적인 영역 모두에서 말이죠. 이 비범한 세 분에게 받은 영감이 없었다면 저는 이 책을 쓰지 못했을 겁니다. 바로 틱낙한(Thich Nhat Han), 고인이 되신 마셜 로젠버그(Marshall B. Rosenberg) 그리고 에크하르트 톨레(Eckhart Tolle)인데요, 이 책을 세 분 모두에게 바칩니다. 그분들의 지혜와 삶을 둘러싼 가르침은 제게 이십 대 후반부터 개인적 진화를 이어가는 데 필요한 영감을 주었습니다. 제가 진정한 잠재력을 발현하며 사는 것을 방해한 행동들을 스스로 식별하고, 이해하고, 변화시키는 데 큰 도움을 준 분들이죠.

삼십 년 동안 조직과 학계에서 트레이너, 코치, 퍼실리테이터로 활동해온 저는, 이 책이 여러분의 개인적인 변화와 삶의 충만함을 향한 여정에

작게나마 도움이 되기를 바랍니다. 저는 우리가 모두 성장하고 진화할
수 있는 능력을 가지고 있으며, 그것은 우리가 그렇게 하기로 선택할 때
가능하다고 깊이 믿습니다. 동시에 이러한 변화를 이루기 위해서는 끈
기와 헌신이 필요하다는 것도 잘 알고 있습니다. '다섯 개의 의자'는 여
러분이 이 여정을 잘 헤쳐 나도록 돕기 위해 만들어졌어요.

과제

우리가 도전하는 목표는 다음과 같습니다.

- 나의 행동을 더 잘 이해하고 내가 주인되기
- 다른 사람의 행동을 더 잘 이해하고 다루어 내기

사람들이 우리를 자극할 때는 이러기가 쉽지 않습니다. 타인의 눈길을
벗어난 집에서는 더욱이 그렇죠. 하물며 우리 인간의 사고는 부정적인
경향이 있습니다. 비판적인 생각이 하루에 몇 번이나 당신을 스쳐가는
지 헤아려 보세요. 우리 마음이 불완전함과 문제점에 얼마나 쉽게 집중
하는지 관찰해 보세요. 우리는 **우리 행동에서 모범이 되겠다**는 분명한 의
도를 설정할 필요가 있습니다. 아마도 우리는 여러 차례 실패할 겁니다.
하지만 우리가 끊임없이 이렇게 질문하는 법을 배운다면 어떨까요?

- 나의 행동이 효과적이었나?
- 어떻게 내가 다른 방식으로 행동할 수 있을까?
- 나는 어떤 영향을 미치는가?

우리가 이런 의도에 주의를 기울인다면, 상황이 달라 보이고 잘못된 길

로 향하는 경향이 줄어들 겁니다.

왜 애써야 할까요?

각자 뒤로 물러나 매일의 일상을 떠올려 봅시다. 잠시 시간을 내어 다음과 같은 질문을 앞에 놓고 깊이 생각해 보세요.

현실 점검 – 직장에서

1. 하루 근무시간은 평균적으로 얼마나 되나요?
2. 일생의 몇 년을 일에 할애할 예정인가요?
3. 깨어 있는 동안 하루의 몇 시간을 가족과 함께 보냅니까?
4. 일을 마치고 집에 돌아왔을 때 대개 기분은 어떤지요?

일반적인 답변

1. 당신이 사는 지역에 따라 다르겠지만, 근무시간은 대부분 8~10시간입니다. 그러니까 하루의 80퍼센트 정도인 거죠.
2. 45년? 인생 최고 시절인 20세에서 65세 사이로 본다면요.
3. 만약 풀타임 상근직이라면 2~3시간가량. 주중 업무에서 회복하기 위한 시간이 필요하지 않다면 주말도 포함됩니다.
4. 이 질문에는 오직 당신만이 대답할 수 있습니다. 얼마나 자주 당신은 최상의 상태로 집에 돌아오는가요?

이런 질문들을 마주하면 정신이 번쩍 들기 마련인데요. 우리는 삶의 대부분을 집에서 사랑하는 가족과 함께하는 대신 일을 하며 보냅니다. 직장 생활은 참 쉽지 않죠. 업무는 늘 우리 뜻대로 되지 않습니다. 대인관

계는 어려워질 수 있고, 우리가 항상 좋은 모습을 보이는 것도 아니고
요. 여러 설문조사 결과를 보면 노동인구의 70퍼센트가 현재의 삶에 만
족하지 않는다고 합니다.

직장에서 치미는 감정과 집에서 드는 감정은 순환됩니다. 우리의 기분
과 분위기는 전염성이 강하니까요. 가족과 다투고 일하러 가서 직장 동
료들에게 화풀이를 한다면 사무실 환경에 영향을 끼치게 됩니다. 우리
가 낮 동안 부정적이고 적대적이었다면 집에 돌아와서 가족에게 그 감
정을 퍼부을 수도 있고요.

그러니 우리가 어디에 있든 최선을 다하기 위해 시간을 투자하는 것은 중
요합니다. 우리가 일하는 조직이 건강하고 보람된 곳이 되도록 애써야 하
지 않을까요? 우리 한 명 한 명에게 그래야 할 책임이 있습니다.

빅터 프랭클은 자신의 저서 《죽음의 수용소에서Man's Search for Mea-
ning》에서 이렇게 말합니다.

> 사람에게서 모든 것을 빼앗을 수 있지만,
> 오직 하나 '주어진 상황에서 자신의 태도를 선택하는
> 인간의 마지막 자유'만큼은 빼앗을 수 없습니다.

이 책은 바로 그 선택에 관한 책입니다. 직장과 가정에서 모두의 성공과
행복에 기여하는 삶의 태도를 의식적으로 선택하는 것, 바로 이것이 우
리가 하려는 일입니다.

기반 다지기

자신에 관한 전문가 되기

자, 어디서부터 시작할까요? 손자(孫子)의 말씀을 빌리자면, '지피지기(知彼知己)'입니다. 우리가 스스로 저지르는 비생산적인 행동의 역학관계를 제대로 이해해야만 비로소 그런 행동이 힘을 잃기 시작하고, 우리가 그 경향을 바꿀 수 있습니다. 다른 길이요? 그럼 아마도 우리를 돕지 않는 행동들이 계속 우리 삶의 주도권을 움켜쥐고 우리에게 우울과 좌절, 대혼란을 불러일으키겠지요.

기초

먼저 한 가지 묻겠습니다. 당신은 '왜' 우리가 서로를 판단하고, 비난하고, 뒷담화하며, 서로에게 방어적이 되고, 불평하고, 미루는지 알고 있습니까? 왜 우리가 대체로 옳기를 바라거나 최종결정을 내려서 승자가 되고 싶어 하는지는요? 만약 아이가 당신에게 "사람들은 왜 그렇게 행동하는 거예요?"라고 묻는다면 들려줄 수 있는 대답이 준비되어 있나요?

우리는 스스로의 행동을 이해하고 관리하는 전문가가 될 수 있습니다. 그 것이 첫걸음입니다.

약속합니다

이 책을 다 읽을 즈음이면 당신은 인간의 행동과 관련해 자신만의 전문가가 되어 있을 거라고 확신합니다. 그리고 스스로의 행동을 더 잘 이해하거나 다루고, 다른 사람의 행동 역시 더 잘 이해하고 다루는 일도 할 수 있을 겁니다.

또한 당신은 자신에게 도움이 되지 않는 행동을 알아차리고 교정할 수 있는 기술을 습득하게 될 것이며, 당신 인생을 성공적으로 이끌어갈 행동 변화 전략을 개발하게 될 겁니다. 그러기 위해 우리는 기본 신념 두 가지를 수용할 필요가 있습니다.

신념 1) 우리는 우리가 하는 모든 행동에 책임이 있다.

여기에는 특별히 우리 자신이나 타인에게 도움이 되지 않는 행동도 포함됩니다! 순간적으로 잘못된 행동을 했다면, 언제든 우리는 책임을 지겠다고 인정하고, 다음과 같은 전략으로 접근하는 것이 중요합니다.

- 스스로를 용서한다.
- 미안하다고 말한다.
- 재빨리 더 효과적인 다른 행동을 선택해서 그 길로 나아간다.

이제 더는 남 탓을 하지 마세요. 우리가 맞닥뜨린 상황에서 자신의 태도를 선택할 수 있다면 본인 행동의 주인의식을 오롯이 갖추게 될 겁니다.

신념 2) 우리는 달라질 수 있다.

"난 원래 그래. 바뀌지 않아." 사람들이 이렇게 대꾸하는 말을 몇 번이나 들어봤나요? 만약 당신이 이런 말을 믿는다면 여기서 이 책을 덮으세요. 당신을 위한 책이 아닙니다. 우리는 항상 변화하는 존재입니다. 늘 새로운 것을 배우고요. 우리가 여기 있는 이유는 그래서입니다. 정해진 것은 하나도 없습니다. 우리가 상황을 개선하고 자신에게 만족하고 싶다면 습관을 바꾸기 위해 마음을 다시 훈련할 수 있다는 믿음이 필요합니다.

방법

이런 신념에 비춰 우리는 의식적으로 생산적인 행동과 그렇지 않은 행동을 구분하고, 그 역학관계를 이해하며, 필요할 경우 개입해서 행동에 변화를 줄 수 있습니다. 이 과정을 돕기 위해 저는 다섯 개의 의자를 디자인했습니다. 지난 십 년 동안 이 도구를 각계각층의 다양한 연령대 사람들에게 사용해왔는데, 효과가 있었습니다.

다섯 개의 의자란 무엇인가?

마음도구이자 **학습 경험**입니다. 우리가 하는 행동의 나침반 역할을 하는 의자 다섯 개로 구성되어 있는데, 우리의 일상적 반응을 반영하며 우리가 생각하고, 느끼고, 마주친 순간에 어떻게 행동하는지 추적할 수 있도록 이끕니다. 또한 다양한 상황에서 어떻게 행동하는 것이 적절한지를 두고 새로운 선택을 내리게끔 장려하는 **게임 체인저**입니다. 아울러 **변화 가속장치**이기도 하고요. 이 다섯 개의 의자로 연습을 거듭할수록 한결 신속하게 부정적인 충동을 통제하고 더 바람직한 행동을 선택해서, 스스로를 더 긍정적으로 바라보는 방법을 배우게 됩니다.

어떻게 작용할까요?

이 마음도구의 틀은 다음과 같이 서로 다른 다섯 개의 의자로 구성되어 있습니다.

1. 공격 의자
2. 자기 의심 의자

3. 기다림 의자
4. 알아차림 의자
5. 연결 의자

다섯 개의 의자는 제각각 삶에 반응하는 특정한 방식의 태도와 행동을 가리킵니다. 예를 들어 우리가 첫 번째 의자인 공격 의자에 앉아 있을 때면 우리는 판단하고, 비난하고, 원망하고, 망신을 주며, 불평하고, 상황을 부정하고, 지배하고, 뒤로 미루는 등의 행동을 합니다. 이런 행동들은 대부분 부정적인 결과로 이어지곤 하죠. 이 사실을 알아챌 수만 있다면, 우리는 의자를 바꾸어 삶에 달리 접근하는 방식을 채택할 수 있습니다. 그렇지 않으면 우리는 계속 우리의 삶과 세상을 부정적인 에너지로 '감염'시키게 될 것입니다.

이 다섯 개의 의자는 의자 빼기 게임과 비슷하지만, 의자가 사라지지 않고 대신 음악이 바뀝니다. 깨어 있다면, 우리는 매일 일상을 살면서 어떤 의자에 앉을지 선택할 수 있습니다. 불편하면 다른 의자로 옮길 수도 있고요. 그러나 때로 우리는 의자의 인질이 되어 자신도 모르는 새 그 의자에 갇히고 맙니다.

워크숍을 진행할 때는 참가자들 앞에 마련된 무대 중앙에 가져다놓은 의자 다섯 개가 주인공입니다. 우리의 기준점이죠. 우리의 행동을 세심하게 살펴보는 데 사용합니다. 참가자들은 의자에 앉아 말하고 묻고, 의자를 옮겨가며, 의자에서 배웁니다.

다음 장에서는 의자와 그에 따른 행동을 제각각 심층적으로 알아보려고 합니다. 의자를 대표하는 가치와 신념, 의자 각각에서 우리가 만들어내는 언어와 행동, 의자를 가장 잘 나타내는 태도, 의자에서 배우게 될 핵심 교훈을 살펴볼 생각입니다.

우리는 종종 다른 상황에서 의식적으로나 본능적으로 혹은 자동적으로 다섯 개의 의자에 앉아 있는 자신을 발견할 수 있을 텐데요. 이 의자들은 우리를 자기 성찰과 알아차림으로 인도합니다. 그러고는 우리 행동이 어떤 영향을 미치는지 질문하게 만들 겁니다. 그러자면 높은 수준의 알아차림이 필요하죠. 오늘날 우리의 마음이 얼마나 산만하고 어수선한지를 생각한다면 진정한 도전이 아닐 수 없습니다. 그래서 우리의 성공을 보장하기 위해 우리 연습이 닻을 내릴 수 있도록 은유를 하나씩 추가했습니다. 의자에는 제각각 일종의 조기 경보 시스템 역할을 하는 **동물 은유**가 있습니다. 우리 두뇌가 단순한 언어를 좋아하고, 강한 이미지와 연상에 곧잘 반응하니까요. 은유에 쓰인 동물들은 다음과 같습니다.

| 자칼 | 고슴도치 | 미어캣 | 돌고래 | 기린 |

각각의 동물을 생각하면 무엇이 바로 떠오르세요? 당신 안에서 어떤 연상이 일어나는지요? 저는 이 과정이 당신 내면에 있는 일종의 자기 감지 모드를 장난스럽게 작동시키길 바랍니다. 때로는 다른 존재를 매개

로 우리 자신을 인식하기가 더욱 수월하기 때문이죠! 각각의 동물을 고른 이유는 앞으로 차차 명확하게 밝히겠지만, 저는 이미 당신이 자신만의 결론을 그려보고 있으리라 믿습니다.

책과 프로그램

이 책은 지난 몇 년 동안 수많은 참가자에게 다섯 개의 의자 변혁 프로그램을 적용해 보고 확인해서 얻은 결실입니다. 이 프로그램의 핵심은 실제 상황과 도전 과정에서 사용할 수 있도록 매우 경험적이고 실용적인 방법으로 우리의 행동 패턴을 다시 훈련하는 데 있습니다. 이 프로그램에 관심 있는 사람이라면 누구에게나 이 책은 필수적인 기초 읽기 자료입니다. 다섯 개의 의자 프로그램은 네 가지 중점 연습으로 전개됩니다.

1. 자기 인식
2. 자기 단련
3. 타인 이해
4. 대인관계

우리 자신은 물론 다른 사람들과 함께 연습하다 보면, 서서히 인간 행동의 역학을 바라보는 더욱 명확한 관점이 생깁니다. 그렇게 해서 우리는 조화로운 행동의 더 넓은 스펙트럼으로 접근하기 시작하는 거죠.

핵심 질문

이렇게 차곡차곡 인식을 높이기 위해 우리는 끊임없이 다음과 같은 질문을 스스로에게 던질 수 있습니다. 이 질문들을 마음에 새기고 되도록 자주 돌이켜 보세요.

- 나는 주변 사람들과 환경에 어떤 영향을 미치는가?
- 내 행동은 나에게 도움이 되는가?
- 내가 감정을 알아차리고 다스리는가, 아니면 감정이 나를 지배하는가?
- 매 순간 모든 관계에서 나는 어떻게 나 자신을 이끌어 나가는가?
- 어려운 대화를 소화할 수 있는가, 아니면 회피하는가?
- 나는 잠재력을 충분히 발휘하는가?
- 다른 사람들에게 보이는, 그러나 내가 보지 못하는 나의 모습은 무엇인가?

독자에게 바라는 점

다섯 개의 의자 프로세스에서 이점을 얻고 싶다면, 저는 당신에게 **용기와 인내심을 갖고 연습해** 보자고 권합니다. 한발 물러서서 당신에게 도움이 되지 않는 일상적 행동과 태도가 무엇인지 살펴보고 질문할 수 있는 용기, 그리고 새로운 행동을 배우는 과정은 시간이 걸린다는 사실을 받아들일 수 있는 인내심이 필요하죠. 스스로에게 너무 가혹하게 굴지 않기를 바랍니다. 당신이 원하는 새로운 행동양식에 익숙해질 때까지 이 책에서 제안하는 연습을 반복할 수 있는 꾸준함도 있어야 하고요.

결과

이 여정에 최선을 다한다면, 삶의 질이 개선될 거라고 자신합니다. 인간관계가 더욱 탄탄하고 협력적으로 변할 뿐더러, 삶의 더 깊은 충만함과 만족감을 누리게 될 겁니다. 아울러 스스로를 더 잘 느낄수록 주변 사람들에게도 한결 관대해지고 이해심도 깊어지기 마련이죠. 우리가 하는 행동은 우리의 생산성, 창조력, 자존감, 타인과 주고받는 연결의 뿌리입니다. 노력해 볼 가치가 충분합니다.

1장

우리는 어떤 세상에 살고 있는가?

우리의 행동은 상황의 영향을 직접 받기 때문에 우리가 살아가는 세상을 생각해 보는 것도 의미가 있겠습니다. 우리의 삶은 변동성(Volatility), 불확실성(Uncertainty), 복잡성(Complexity), 모호성(Ambiguity)이 중심에 있는 'VUCA' 세계를 배경으로 펼쳐집니다. 우리를 둘러싼 변화의 속도는 가히 압도적입니다. 누군가 "그건 있을 수 없는 일이야"라고 말하는 순간, 이미 다른 누군가가 그 일을 하고 있으니까요. 디지털 세계는 엄청난 속도로 우리를 삶의 한 사건에서 다른 사건으로 몰아갑니다. 기대치는 높고, 경쟁은 치열하고, 시간은 늘 부족합니다. 우리는 어떻게 이런 현실을 잘 관리하는 동시에, 상대적으로 긍정적이고 안정되며 서로에게 열린 상태를 유지할 수 있을까요? 물론 때때로 우리는 그러지 못합니다.

한번은 제게 고객이 이런 도움을 요청했습니다.

> 저희 팀에는 문제가 있습니다. 끊임없이 언쟁을 벌이죠. 회의를 할 때면 결론에 이르지도 못하고 혼선만 빚습니다. 아무도 서로의 말을 듣지 않아요. 모두 자신이 옳다고만 생각합니다! 운영팀과 영업팀은 늘 서로 으

르렁대고요. 생산성은 떨어지고 직원들의 사기는 밑바닥입니다. 이제 이 상황을 견딜 수가 없어요.

전 세계 수많은 조직이 이런 딜레마를 얼마나 자주 겪을까요? 사람들을 모아놓고 함께 일하라고 한 다음 무슨 일이 벌어지는지 한번 지켜 보세요. 인간의 갖가지 행동이 나타날 겁니다. 처음에는 긍정적인 의도를 설정해서 함께 일하고 성공하기를 간절히 원합니다. 그러나 친숙해져서 서로 가면을 벗으면 판단하고, 비난하고, 불평하고, 험담하며 더 파괴적인 경향을 보이기 시작하죠. 이런 행동은 유독한 만큼이나 거부하기도 어렵습니다.

생각해 보면, 우리 대부분은 바람직한 일터를 일구는 데 필요한 협업 기술을 제대로 갖추지도 못한 채 성인이 됩니다. 의도가 좋더라도 더러는 서로에게 잘못 처신하거나 어떤 식으로든 관계를 해치기도 합니다. 우리 교육제도는 개인의 성장과 자기 관리를 초등교육 과정의 기본 기술로 여전히 인정하지 않습니다. 그래서 우리는 관계 안에서 성장하기보다는 많은 시행착오 속에 헤매며 생애 초기를 보내고, 형성기의 대부분을 공존을 통해 번영하기보다는 그저 살아남는 데 허비합니다.

우리는 삶과 맺은 계약에 헛된 기대를 겁니다. 모든 일이 우리 뜻대로 흘러가야 한다고 믿는 거죠. 사람들이 끊임없이 우리를 실망시키고, 우리 의견에 동의하지 않으며, 우리를 좌절시킬 텐데, 우리도 그들에게 똑같이 그럴 거라고 아무도 우리에게 경고해주지 않습니다. 우리는 모든 사람이 다 우리를 좋아하는 것도, 우리와 함께 있고 싶어 하는 것도 아니며, 현실이 이렇다는 것을 뼈아프게 배웁니다.

방아쇠 당기기를 좋아하는 성향[1]

우리는 모두 걸어 다니는 방아쇠(트리거, trigger)입니다. 움직이는 감정 뭉치처럼요. 우리가 하는 일이나 일상적인 대화, 말하는 방식, 외모, 말투, 심지어 먹는 방식까지 긍정적이든, 중립적이든, 부정적이든 주변 사람들의 반응을 끊임없이 유발합니다. 그 반응은 말 한마디나 문장, 얼굴 표정, 어조, 태도 혹은 사건일 수도 있는데요, 우리 존재는 주변 세상에 영향을 미칩니다. 심지어 혼자 있을 때도 끊임없이 스스로에게 영향을 미치니까요.

평소 우리는 되풀이되는 세 가지 자극 상황에 놓입니다.

1. 우리가 하는 행동이 다른 사람을 자극한다.
2. 다른 사람이 하는 행동이 우리를 자극한다.
3. 다른 사람들이 서로 자극하는 광경을 목격한다.

우리는 각각의 상황에 적극 나서서 개입하거나 숨고 뒤로 빠질 수도 있습니다. 이는 우리의 선택이고, 그 선택이 매일 맺는 관계의 성공 여부에 직접적으로 영향을 끼칩니다. 타인의 태도나 행동에 우리가 자극을 받았을 때 이 다섯 개의 의자에서 어떤 일이 벌어지는지 예행연습을 해보죠.

---

1   Trigger happy. 아주 작은 자극에도 '총을 쏘듯/방아쇠를 당기듯' 폭력적으로 반응하는 성향

다섯 개의 의자 모의실험

회의에 참석했다고 상상해 보세요. 당신이 진행하는 새 프로젝트의 아이디어를 설명하는데, 동료가 불쑥 끼어듭니다. "말도 안 되는 소리야! 그런 아이디어가 통하기나 하겠어!"

이건 도발이죠. 모든 시선이 일제히 당신을 향합니다. 어떻게 반응할 건가요? 다섯 개의 의자에 따라 각기 다른 반응 다섯 가지를 소개하면 다음과 같습니다. 각각의 의자에서 우리가 이 도발을 어떻게 생각하고, 뭐라고 말할지 살펴보겠습니다. 그런 다음 우리의 반응을 이끌어내는 행동과 태도를 검토합니다.

공격 의자에서

우리는 생각합니다:
'무례하기 짝이 없군! 지가 뭐라고, 멍청한 자식!'

우리는 이렇게 말할 겁니다:
"당신은 늘 그런 식이지. 사람들이 말을 끝내기도 전에 항상 사람들의 아이디어를 무시하잖아. 한 번만이라도 좀 잠자코 들어 보는 건 어때!"

행동:
우리 목소리는 공격적이고 비난조입니다. 우리는 부글부글 속이 끓어서 언어가 아닌 눈으로 그에게 레이저를 쏩니다.

태도:
이 의자에서 우리는 방아쇠 문구를 즉각 인신공격으로 해석하고 반격에

나섭니다. 우리의 언어에 총알과 불을 장전하고 말이죠. 저런 사람은 코를 납작하게 만들어줘야 해! 하면서요. 우리의 자아는 보호와 방어가 필요합니다. 우리는 분개하고 격분하며 그것을 보여줍니다.

자기 의심 의자에서

우리는 생각합니다:

'저 사람 말이 맞을지도 몰라. 내가 멍청한 생각을 했을 수도 있어! 내 한계가 늘 내 발목을 잡잖아. 그냥 조용히 입 다물고 있을걸. 왜 이 프로젝트를 나에게 배정했는지 모르겠어.'

우리는 이렇게 말할 겁니다:

"맞는 말씀인 것 같네요. 항상 당신이 옳았어요. 그래요, 이 아이디어는 말도 안 되는 소리죠."

행동:

이 의자에서 우리는 스스로를 의심합니다. 공격을 받았으니 스스로를 방어하려고 몸을 웅크립니다. 단단히 토라져서 자존감이 산산이 부서지고 바닥을 친 채로 회의 시간 내내 의기소침해 있습니다. 그러고는 다음 회의에 참석하지 않을 구실을 찾기 시작하죠.

태도:

우리는 스스로를 거부하며, 자신이 똑똑하지 않은 데다 타인에게 존경이나 배려를 받을 자격이 없다는 생각에 빠져들어 굴복하고 맙니다. 자신이 무력하고 나약하게 느껴져 자기 파괴적이 되고요.

기다림 의자에서

우리는 생각합니다:

'침착하자. 저 말을 개인적으로 받아들이지 말자. 과잉 반응을 보이고 싶지 않아. 그러면 분명 나중에 후회할 거야. 멈추고, 생각하고, 숨을 쉬자. 열까지 세고, 모든 각도에서 상황을 살펴보자.'

우리는 반응하지 않기를 선택하고, 말을 하지 않기로 선택합니다. 스스로를 제어합니다.

행동:

우리는 속도를 늦춥니다. 멈추고, 관찰하고, 판단을 중단합니다. 심호흡을 하고 몸과 마음을 가다듬으며, 내적 안정을 얻으려고 노력합니다. 지금 우리는 파수꾼 임무를 수행하고 있습니다. 세심하게 주의를 기울여 잠재적인 자기 파괴적 행동에 유의하며 적절한 다음 행동을 준비합니다.

태도:

우리는 선택의 의자에 앉아 있습니다. 만약 공격 의자나 자기 의심 의자에 앉아서 반응한다면 관계를 망가뜨리거나 자기 파괴에 빠질 거라는 사실을 알죠. 우리는 이 상황을 개인적으로 받아들이지 않기로 결정합니다. 그리고 자신과 상황을 통제하기 위해 노력합니다. 우리 목표는 일일이 반응하지 않고 효과적으로 대처하는 것입니다.

알아차림 의자에서

우리는 생각합니다:

'와, 저 사람이 방금 내 말을 끊었네. 진짜 짜증이 나네. 내 아이디어를 묵살당하지 않고 모두와 나누고 싶은데 말야. 의견 차이는 받아들이겠지만, 먼저 서로를 존중하고 합리적으로 뚜렷하게 설명해주면 좋겠어.'

우리는 이렇게 말할 겁니다:
"당신이 내 의견에 동의하지 않는다는 것은 알겠는데, 왜 그런지 궁금하군요. 그런데 그 전에 이야기를 마저 해도 될까요?"

행동:
우리는 차분하며 확신에 차 있습니다. 우리 목소리에 공격성이나 책망하려는 의도는 없습니다. 정서적 안정을 유지하며 우리 생각을 공손하고 분명하게 전하죠. 우리는 자신의 욕구를 보살피고 스스로가 어떻게 느끼는지 솔직하게 응시하며, 상대방에게 협조를 요청합니다.

태도:
우리는 동료의 말을 들었을 때 내면에서 일어나는 감정과 만납니다. 그리고 존중, 인정, 기여를 바라는 우리 욕구를 알아채죠. 우리는 그 순간에 일어나는 자신의 욕구를 충족하는 데 집중합니다. 관찰의 힘을 빌어, 감정적으로 판단하기보다는 객관적이고 전략적으로 생각하고요. 그런 다음 정중한 방식으로 이야기합니다.

연결 의자

우리는 생각합니다:
'대답이 좀 퉁명스럽네. 내가 하는 말에 유난히 짜증이 난 듯 보였어. 저 사람은 무엇 때문에 그런 반응을 보인 걸까? 뭔가 단단히 확신하는 것 같은데, 저 사람이 왜 그러는지 궁금하네.'

우리는 이렇게 말할 겁니다:

"내가 당신 생각과 다른 선상에 있는 말을 한 것 같네요. 당신 생각은 무엇인지 궁금합니다. 내 아이디어의 어떤 부분이 마음에 들지 않으세요?"

행동:

이 의자에 앉아서 우리는 진정한 호기심을 보여줍니다. 우리의 관심을 자신에게서 타인에게로 돌리고, 그들의 감정과 판단과 비판 너머를 보지요. 그리고 아직 충족되지 않은 그들의 욕구를 이해하려고 노력합니다.

태도:

우리 의도는 타인을 바로잡기보다 타인과 우리 자신을 연결하는 데 있습니다. 감정에 휩싸이기보다 대화를 이어가길 바라죠. 우리는 다른 사람의 반응을 판단하기보다는 그저 궁금할 뿐입니다. 그래서 상대방에게 공감하며 그 사람이 무엇을 원하는지 이해하려고 적극 노력합니다. 우리는 '지금 그들에게 무엇이 중요한가'라는 질문을 던집니다. 우리의 최종 목표는 우리 자신과 상대를 두루 이해하며, 모두의 욕구를 충족시키는 것입니다.

통찰

상황의 전체 맥락을 알지 못한 상태에서 당신은 방금 소개한 내용 중 어떤 반응을 주로 보였나요? 다섯 가지 반응은 제각각 참석한 다른 사람들에게 어떤 영향을 미쳤는지요? 아울러 회의에는요?

앞서 언급했듯이, 다섯 개의 의자는 제각각 그 자체로 인식할 수 있는 사고 패턴과 태도와 행동양식을 품은 하나의 세계입니다. 우리는 하루에도 끊임없이 한 의자에서 다른 의자로 옮겨 다닙니다. 공격 의자에서 펼쳐지는 삶은 우리에게 매우 익숙하지만 고통을 불러오고요. 자기 의심 의자에 앉으면 우리는 스스로 불편함을 느끼며 삶을 피해 숨어버리는 경향이 있지요. 감정이 격해지면, 우리는 기다림 의자를 건너뛰게 됩니다. 알아차림 의자는 우리에게 진실을 말하고 자신의 삶을 오롯이 책임지자고 요청하고요. 연결 의자는 우리가 다른 사람들과 깊이 연결되도록 영감을 줍니다. 우리는 모두 각각의 의자에서 다양한 수준의 편안함을 경험합니다. 그리고 각자 선호하는 의자가 있지요.

다섯 개의 의자 프로젝트는 우리에게 변화를 일으키도록 설계됐습니다. 우리가 삶에서 순간순간 일어나는 반응을 더 잘 알아차리면 다른 사람과 상호작용 하는 법을 선택하는 새로운 길이 열립니다. 첫 번째 의자에서 다섯 번째 의자로 이동할수록 우리는 다음과 같은 변화의 여정에 오르게 됩니다.

> 판단에서 공감으로
> 저항에서 수용으로
> 피해자에서 주체로
> 반수면 상태에서 알아차림으로
> 분리에서 연결로
> 무의식적 행동에서 의식적 행동으로
> '무엇'에서 '무엇이 될 수 있을까'로

이제 각각의 의자에 대해 하나하나 살펴볼 생각입니다. 그 전에 두 기본 플레이어인 자칼과 기린을 자세히 소개하고 넘어가겠습니다.

2장

—

자칼과 기린 발견하기

몇 년 전에 저는 9일간 열린 비폭력대화(Nonviolent Communication, NVC) 집중 과정에 참석한 적이 있습니다. 세계 평화에 기념비적인 공헌을 한 NVC 창립자인 고(故) 마셜 로젠버그와 함께한 시간이었죠. 내 삶을 바꾸어놓은 순간이었습니다. 세상과 소통하고 느끼고 생각하는 제 방식에 깊은 영향을 주더군요. 또한 제가 다섯 개의 의자 프로그램에서 꾸준히 사용하는 매우 효과적인 두 가지 은유도 그곳에서 소개를 받았습니다. 마셜 로젠버그의 아이디어인데, 바로 '자칼'과 '기린'입니다.

손 인형으로 보여주는 자칼과 기린은 단순하지만 아주 강력한 상징입니다. 우리에게 매 순간 드는 생각의 질을 상기시켜주죠.

자칼을 생각해 보세요. 무엇이 떠오르나요? 침입자에 맞서 맹렬히 제 영토를 지키는 작고 교활하며 기회주의 성향을 가진 청소부? 그럼 기린 하면 무엇이 생각나세요? 큰 키에 관대하며, 고귀한 영혼을 간직한 사바나의 보호자이자 모든 육상동물 중 가장 큰 심장을 지닌 수호자?

자칼은 우리의 비판적인 생각과 적대적인 행동을 나타내고, 기린은 조화와 행복을 빚어내는 이해심 있는 행동을 가리킵니다. 당신이 생각하기에는 어떤 동물이 우리가 사는 세상에서 더 우세할까요?

이제 당신 차례입니다

이 두 동물이 당신 안에 살아 있게 만들 연습을 준비했습니다. 이제 당신은 자칼의 행동을 관찰하기 위해 자칼 추적에 나설 예정입니다. 설혹 성미가 급하더라도, 이 부분을 건너뛰지 마세요! 중요합니다.

도전 1: 자칼 추적 연습

이 책의 부록 251쪽을 펴고 안내에 따라 당신이 찾은 것들을 가지고 돌아오세요. 만약 동료나 팀원들과 이 연습을 함께하고 싶다면 www. 5chairs.com 홈페이지 교육 섹션(Academy Section)에서 다운로드 하기 바랍니다. 즐거운 시간이 되길 기원합니다.

자, 무엇을 찾았나요? 얼마나 많은 항목을 체크했습니까? 많은 항목에 체크를 했다면 좀 절망스러울까요? 우리 인간의 오랜 습관 때문에 다른 많은 사람들도 우리와 처지가 비슷할 것 같습니다. 에크하르트 톨레는 자신의 저서 《지금 이 순간을 살아라》에서 이렇게 관찰했습니다.

> 사람들 대부분이 하는 생각의 약 80~90퍼센트는 반복적이고 쓸모없을 뿐만 아니라 역기능적이고 흔히 부정적인 성질을 띠기에 대개는 해롭다.

당신에게는 이 이야기가 다소 극단적으로 들릴지 모르지만, 우리가 대부분의 시간에 생각하는 방식을 잘 살펴보면 에크하르트 톨레의 관찰은 상당히 현실적입니다. 여기 당신을 위해 또 다른 도전을 준비했습니다.

도전 2: 자칼 추적 계속하기

이번엔 당신 일터로 돌아가 당신 동료들을 관찰해 보세요. 다음 회의 자리가 최고의 기회를 제공해줄 겁니다. 회의에 참석할 때 당신 안에 있는 관찰자 모드를 켜고, 동료들이 사용하는 단어와 그들의 생각, 행동, 태도를 살펴보세요. 더 조용하고 은밀한 자칼의 행동도 잊지 말고 지켜보세요. 이상한 비웃음, 찡그리는 표정, 눈썹 올리기, 한숨, 머리 흔들기와 같은 비언어적 요소도요. 당신이 용감하고 회복력이 있다면, 이 연습에 쓰는 시간을 직장에서 보내는 하루 내내로 늘려 보세요.

조언: 커피 자판기 주변, 점심시간, 인사고과, 상사와 회의하는 시간은 이 연습의 비옥한 토양이 됩니다. 사실 일상적인 업무 활동에서라면 뭐든 가능합니다.

자, 무엇을 발견했습니까? 인류애가 사라지는 기분인가요? 조직에서 난동을 부리는 자칼을 발견하고 소름이 끼쳤나요? 아니면 인간의 이런 모습이 만연하다는 것을 이미 충분히 인식하고 있었을까요?

이제 다음 도전으로 넘어갈 차례입니다.

도전 3: 기린 발견하기

우리의 의식을 기린이 있는 쪽으로 옮겨 봅시다. 이 책의 부록 251쪽 또는 www.5chairs.com로 가서 안내 사항을 읽은 후에 다시 사바나로 돌아오세요.

자, 얼마나 많은 기린을 만났나요? 기린의 행동 앞에서 무엇을 느꼈나요? 직장에서 하루 종일 개인적으로 이어갈 수 있는 기린다운 사고와 행동의 비율은 몇 퍼센트입니까? 당신이 방심했을 때 얼마나 자주 자칼이 잠입해오나요?

우리는 모두 마음속으로는 알고 있습니다. 부정적인 생각이 비생산적인데다 우리를 지치게 만들고 에너지를 빼앗아간다는 사실을요. 하지만 우리 조직에는 이런 부정적인 생각이 만연해 있죠. 우리는 모두 개인 차원에서 이런 부정적인 태도를 줄이는 데 제 역할을 할 수 있습니다.

만약 우리가 생각하는 주체이고, 우리의 행동은 우리 생각이 만들어낸 결과물이며, 그런 행동의 질이 우리 운명에 영향을 준다면 우리가 매일 어떤 생각을 떠올리는지, 그리고 그 생각이 우리가 살고, 사랑하고, 관계를 맺고, 일하고, 이끌어나가고, 육아하는 방식에 어떤 영향을 미치는지 세심하게 살펴보는 것이 얼마나 중요할까요?

자칼과 기린은 우리가 실시간으로 일으키는 생각과 태도와 행동양식의 질이 우리 삶에 어떻게 기여하고, 영향을 미치는지 상기시켜주는 역할을 합니다. 이 두 동물은 우리가 진행하는 생방송 프로그램에 늘 출연합니다. 우리가 무의식 중에 우리를 돕지 않는 습관적 행동으로 되돌아가는 것을 막아주죠. 그다지 심각하지 않은 방법으로 우리가 깨어 있을 수 있도록 돕고, 우리를 온전한 알아차림으로 안내합니다.

자칼식 사고에서 벗어나는 특급 해독제
자칼식 사고를 줄여나가는 당신의 연습을 돕기 위해 아주 강력한 실험을 준비했습니다. 당신을 '정신 식이요법(Mental Diet)'으로 초대합니다. 비디오 라이브러리(ww.the5chairs.com)에서 의자에 대해 생생하게 배울 수 있는 매력적인 비디오 레슨 시리즈를 만나보세요. 이 영상은 책에서 얻은 지식을 향상시키고 학습 경험에 새로운 지평을 넓혀주도록 설계되었습니다. 아울러 유튜브(https://youtu.be/4BZuWrdC-9Q)에서 TEDx를 보실 수도 있습니다.

다섯 개 의자의 세계

이제 다섯 개의 의자를 더 깊이 탐험할 준비가 되었습니다. 곧 이어질 다섯 장에서 행동을 자세히 탐구하고, 의자 각각의 특성과 그 특성에 반응할 때 우리 삶에 미치는 영향을 세심히 살펴보겠습니다.

3장

첫 번째 의자 – 공격 의자, 자칼

그의 모카신을 신고 1마일을 걸어 보기 전에는 그 사람을 비판하지 말라.
• 미국 인디언 속담

자칼 의자에 앉으면 우리는 판단하고, 비판하고, 꼬리표를 붙이고, 비난하고, 험담을 합니다. 우리는 자칼의 세상에 있지요. 다른 사람과 상황을 바라보며 그들에게 무엇이 '옳은'지보다는 무엇이 '잘못'됐는지에 초점을 맞추니까요. 우리가 삶에서 빚어내는 고통의 대부분이 바로 여기서 시작됩니다. 말하자면 우리가 우리 마음에서 '벗어난' 곳이지요.

여기는 빨간 의자, 곧 자칼 의자입니다. 아드레날린과 본능적 생존력이 솟구치는 의자라서 강력하고 지속적이며 시선을 끕니다. 모든 의자 중 가장 쉽게 식별할 수 있고 또한 암송하듯 반복할 수 있는 의자가 공격 의자인데요. 우리는 이 언어를 무척 잘 알고 있고, 그 행동도 쉽게 재현할 수 있습니다. 그 목소리는 연극적이고, 감정적이거나 치명적으로 조용하며, 교활하기도 합니다. 그래서 손쉽게 우리를 소모시킵니다. 조직과 가족이 번창할 수 있는 더 나은 세상을 만들고 싶다면 가장 먼저 작업할 필요가 있는 의자인 거죠. 자, 이 의자에서 벌어지는 행동 중 우리가 직장과 가정에서 많이 일삼는 유형은 무엇일까요?

공격 의자에서 벌어지는 자칼 행동

자칼 행동은 일반적으로 부정적이고, 정중하지 못하고, 비생산적이며, 적대적이고, 공격적입니다. 그래서 우리 일터와 집에 독성을 불어넣습니다. 행동 목록은 길고, 이 중 상당수를 우리는 흔히 행동으로 옮기곤 합

원망하기, 손가락질하기	미루기
판단하고 비난하기	기대에 어긋나기
늘 내가 옳다고 생각하기	일을 크게 키우기
개인적으로 받아들이기	마감일을 넘기기
뒷담화 퍼뜨리기	사일로 효과(고립주의, 부서 이기주의)
타인을 벌주기	다른 사람의 기여를 묵살하기
갈등을 조장하기	책임을 회피하기
언쟁하기	책임을 부인하기
복수하기	신뢰할 수 없게 행동하기
불평하기	사람과 상황을 조종하기
따돌리기	기회주의적으로 행동하기
동료를 위협하기	왜곡, 잘못된 평가, 불신
다른 사람의 감정을 무시하기	자기 과시
개인이나 집단을 차별하기	모욕적인 언어 사용하기
정보를 독점하거나 비밀로 삼기	서신이나 메일을 주고받을 때 예의 무시하기
사람이나 문제를 무시하기	지배적인 리더십 휘두르기

니다. 익숙한가요? 물론 그럴 겁니다. 우리가 어릴 적부터 생각하고 반응하도록 프로그래밍 된 방식이니까요. 학교와 우리 부모님과 공동체와 사회 전반에서 배운 양식이며, 우리가 사회적으로 길들여진 결과죠. 그런데 이런 행동을 얼마나 자주 그리고 왜 하는지, 이런 행동은 어디서 비롯되었는지 알고 있습니까?

공격 의자에 담긴 핵심 신념

이런 행동은 대부분 우리가 자라면서 형성된 부정적인 신념에서 나옵니다. 이를테면,

'세상은 위험한 곳이다.'
'세상은 불공평한 곳이다.'
'나는 더 강해져야 한다.'
'나는 스스로를 보호하고 방어해야 한다.'
'사람들을 믿을 수 없다.'
'사람들은 나를 이용해서 이득을 챙기려고 할 것이다.'
'나는 조심해야 한다.'

우리가 다른 사람을 판단할 때, 일반적으로는 우리 안에 있는 불안과 두려움 때문에 그렇게 처신합니다. 종종 '우리보다 못한 처지에 있는 사람들'을 판단하기로 선택해서 환상에 지나지 않는 우월감을 스스로에게 선사하고, 우리의 궁핍한 자아를 먹여 살리죠. 우리가 공격 의자에 앉는 의도는 통제권을 쥐고, 우리가 옳다고 생각하는 것을 증명하며, 다른 사람들 '위에서' 우리의 힘을 과시하는 데 있습니다. 어릴 적부터 우리는

사물을 흑과 백, 선과 악, 지성과 어리석음이라는 양극화된 관점에서 바라보도록 배웁니다. 경쟁이 심한 지배문화에 살고 있다면 더욱이 그렇지요. 이런 시각은 '우리'라는 사고방식보다 '당신' 대 '나'라는 사고방식으로 이어집니다. 대개는 여기서 소외, 분리, 갈등이 일어납니다.

우리가 매일 '찍어내는' 생각과 언어를 향해 스스로 세심하게 경계할 때 공격적 행동에 대응해갈 수 있습니다.

자칼식 사고와 언어
다음은 회사 복도에서 마주칠 수 있는 전형적인 '공격' 언어의 몇 가지 사례입니다.

- 누가 이랬어!
- 네가 원하는 걸 말할 순 있지. 하지만 결국 결정은 내가 해.
- 급해요!
- 내 일이 아니야!
- 그들은 바보야!
- 왜 …를 하지 않았죠?
- 그건 우리 잘못이 아니야. 그들 잘못이지.
- 나와는 상관없어.
- 메일 보내드렸잖아요!
- 이건 불가능해!
- 그 사람은 그래도 싸!
- 당신은 이해 못 하실 거예요.

- 당신은 질문을 하거나 의견을 내라고 월급을 받는 게 아니야.
- 내가 당신 상사야. 잠자코 하라면 해!
- 우리는 늘 이렇게 해왔습니다.
- 내가 뭐랬니!
- ~에 대한 최신 소식 들었어?(험담)

당신은 얼마나 자주 이와 비슷한 말을 듣거나 건네는지요?

부정적인 생각을 관리하기

우리는 부정적인 생각을 얼마나 의식하고 있을까요? 사실 우리도 모르는 새 부정적인 생각은 난동을 부립니다. 그런 상황을 우리가 알아차린다면 어떻게 대처하는 것이 좋을까요?

- **부정적인 생각을 억눌러서 멈추게 할까요?** '나는 이런 생각을 그만 멈춰야 해'라는 식이라면 주의하세요. 그 뿌리에서 문제를 해결하지 않으면 생각은 돌아와서 우리를 괴롭힐 거예요.
- **부정적인 생각을 무시할까요?** 주의합시다! 위와 똑같아질 뿐입니다.
- **부정적인 생각에 집착하는 것은 어떨까요?** 우리가 그 불길을 부채질하며 끊임없이 고민한다면, 생각은 우리의 건강과 정신을 장악하고 망칠 겁니다.
- **부정적인 생각을 관찰해야 할까요?** 뒤로 물러나 한발 떨어진 관점에서 바라보는 것은 어떨까요? 잘 살펴보고, 면밀히 탐색하며, 무엇 때문에 일어나는 생각인지 이해하려고 노력할까요? 그래서 이 순간을 우리의 선생님으로, 배움의 기회로 소중히 여기는 것

은 어떨까요?

마지막 선택이 분명 가장 도움이 되는 자세입니다. 하지만 우리는 얼마나 자주 그렇게 처신할까요? 부정적인 생각을 관리하기 위해 시작할 수 있는 한 가지 방법은 우리가 매일 사용하는 언어를 의식적으로 정리하는 것입니다.

말의 힘

말은 강력합니다. 대화 중에 적절한 단어를 고르는 행위는 가히 예술이라 할 만하죠. 우리가 고르는 단어에는 우리의 의도가 담기기 마련입니다. 단어와 의도가 일치하지 않으면 문제가 생기거든요. 사람들은 우리 마음을 읽지 못하니까요. 그래서 우리는 신경 써서 어휘를 선택해야 합니다. 하지만 이렇게까지 단어를 신중히 고르는 일은 아직 일반적이지 않습니다.

'The British are unfriendly'처럼 be 동사에 형용사를 곁들인 간단한 문장을 예로 들어 보겠습니다. 이 문장을 글자 그대로 옮기면 '모든' 영국인은 불친절하다가 됩니다. 국가 전체를 정죄하다니! 명백한 오류입니다. 더 현실적으로 묘사한다면 '영국인은 첫 만남에서 다른 문화권보다 감정을 덜 드러내는 경향이 있다' 정도가 될 겁니다. 한결 정확하죠. 그렇긴 해도 '덜'을 사용했으니 비교하게 만듭니다. 누구보다 '덜'하다는 걸까요?

우리는 판단하는 듯한 표현을 사용해서 서로를 불쾌하게 만들 위험을 무릅씁니다. '그 사람은 지나치게 말을 많이 한다'와 같은 선언은 화자(話者)가 어느 정도로 말을 해야 적절한지 나는 정확히 알고 있다고 오만하게 암시합니다. 하지만 당신의 '평균'이 나의 '평균'과 같으리란 보장이 있을까요? 누가 맞는 걸까요?

그렇다면 우리는 어떻게 우리의 언어를 정화하고 서로 더 정확하게 의사소통할 수 있을까요? "평가하지 않고 관찰하는 것은 인간 지성의 최고 형태다"라는 지두 크리슈나무르티의 믿음에서 우리는 시작할 수 있습니다. 물론 여간 어려운 일이 아닙니다. 지금 바로 한번 해보면 어떨까요.

먼저, 아래 판단 목록을 읽어 보세요. 그리고 그 판단을 개인적인 해석이나 평가를 곁들이지 않고 관찰한 대로 단순하게 설명해 보세요. 여기 몇 가지 예시를 들겠습니다. 밑줄 친 부분이 판단에 해당합니다.

> 판단: 그 사람은 <u>무능한 관리자야</u>.
> 사실적 설명: 그 사람은 관리자로서 그에게 기대되는 의무를 다하지 않았어.

> 판단: 그 사람은 <u>유머감각이 없어</u>.
> 사실적 설명: 그 사람은 내 농담에 웃지 않았어.

아래 답을 보지 말고 판단을 순수한 사실적 설명으로 바꾸어 보세요.

판단과 평가
- 그 사람은 회의 중에 나를 완전히 무시했어.
- 배송이 항상 늦어.
- 그 사람은 멍청해!

- 그들은 결코 우리 말을 듣지 않아.
- 내 상사는 전혀 관심이 없어.
- 그들은 배려심이 없어.
- 그 사람은 날 좋아하지 않아.
- 그 사람은 이기적이야.
- 당신은 정말 무책임하군요.

묘사와 관찰

- 그 사람은 회의 중에 내 의견을 물어보지 않았어.
- 이번 달에 네 번, 택배가 제시간에 도착하지 않았어.
- 그 사람은 내 지시를 따르지 않았어.
- 우리는 그 사람들에게 세 번에 걸쳐 설명했지만, 그들은 그대로 따르지 않았어.
- 7개월 전에 마지막 성과 평가를 한 뒤로 나는 상사에게 어떤 피드백도 받지 못했어.
- 그들은 내게 일요일에도 일하라고 요구했어.
- 그 사람은 나를 점심식사에 초대하지 않았어.
- 그 사람은 자기 욕구는 돌보면서 다른 사람들은 챙기지 않아.
- 당신이 클라이언트와 합의한 변경 사항을 운영팀에 알리지 않은 것은 이번이 네 번째입니다.

이 두 가지 언어 방식의 특징이 당신에게 어떤 영향을 주나요? 당신이 다른 사람이나 상황을 바라보며 느끼고 생각하는 데 어떤 영향을 끼칩니까? 사람과 상황을 비판적으로 묘사하는 대신 사실적으로 설명할 때 현실을 대하는 인식이 더욱 정확해집니다. 이 방식은 다음과 같은 우려와 가능성을 획기적으로 줄일 수 있어 유용합니다.

- 우리가 경험한 것에 대해 오해하고 오판할 우려
- 우리가 내린 판단에 다른 사람이 상처를 받고 방어적이 될 가능성

'우리'의 사실이 아니라 '그' 사실을 설명하는 습관은 분쟁을 해결하는 과정의 핵심입니다. 하지만 그러기 위해서는 알아차림이 필요합니다. 우리는 순식간에 판단과 평가로 되돌아서거든요. 수년간 그렇게 훈련을 받았기 때문이죠.

'청소'하는 연습

일상에서 당신이 빚어내는 언어를 주의 깊게 살피고, 다른 사람들의 공격적인 언어를 중립적인 진술로 해석하는 데 도움이 되는 연습입니다.

- 사무실과 집에서 당신을 둘러싼 언어의 특징에 세심하게 귀를 기울이는 일부터 시작하세요.
- 당신 또는 다른 사람들이 판단을 내리는 데 사용하는 모든 언어를 식별하세요.
- 판단이구나 하고 눈치챘다면, 스스로에게 속삭이세요. "자칼이 나왔네!"
- 그리고 당신이 들은 판단의 말을 '중립적인' 관찰의 언어로 해석해 보세요.(연습하는 의미로 적어 보는 것도 좋습니다.)
- 언어를 정화할 때 당신의 감정 상태가 어떤 영향을 받는지 살펴보세요.

- 실시간으로 자신과 다른 사람들이 사용하는 판단 언어를 중화시키는 연습을 해보세요. 사실적인 관찰이 가능한 표현으로 문장을 바꿔 보세요. 아니면 다른 사람들의 판단을 정화하기 위해 질문을 던져 보세요. 이를테면 '그들은 배려심이 없다'라는 판단에는 '그들이 정확히 무엇을 했기에 내가 그렇게 생각하게 되었을까?'라고 되물어 보세요.

공격을 받는 사람에게 공격 의자가 미치는 영향

직장에서 공격 의자가 드러내는 행동을 당하는 쪽이 된다면 기분이 어떨까요? 그때 우리가 보이는 일반적인 반응은 뭘까요?

- 좌절, 짜증, 분노, 두려움, 상처, 혼란
- 철회와 회피
- 노발대발
- 분통
- 호의가 식음
- 언어적, 비언어적인 반격
- 위협과 경고
- 관리자에게로 문제가 확대
- 불평
- 고의적 방해
- 떠나고 싶은 열망

조직에서 우리가 저지르는 유해한 행동의 수준이 높을수록 생산성은 낮

아지고 사기가 떨어질 가능성이 커집니다. 엔트로피는 스트레스를 조장
하고 직원 이직률을 높이며 회사 성과를 떨어뜨리죠. 무엇 하나 인간의
행복이나 비즈니스 성과에 이롭지 않습니다.

더 큰 이유

이런 비생산적인 행동이 우리 행복에 해로운 줄 알면서도 우리는 왜 계
속하는 걸까요? 우리의 생각과 행동 이면에 있는 마음의 구조를 탐구해
봅시다. 여기서 우리는 우리의 해로운 사고 과정과 행동이 우리의 대인
관계에 어떤 부정적인 영향을 미치는지 조사하고자 합니다. 우리의 마
음은 매우 꾀가 많습니다. 만약 우리가 알아차리지 못하면 제가 좋아하
는 '마인드 게임'에 쉽게 빠져들곤 하죠. 직장과 가정에서 혼란을 불러오
는 가장 흔한 마인드 게임을 몇 가지 소개하겠습니다.

스토리보드 게임

우리의 마음은 결코 가만히 있질 않습니다. 생각이 우리 머리를 통과해
끊임없이 흐르죠. 평균적으로 우리는 하루에 칠만 가지, 한 시간에 삼천
가지, 일 분에 오십 가지 생각을 불러냅니다. 그래서 원숭이가 뛰놀듯
머릿속이 시끄럽고, 집중하질 못합니다.

당신 마음을 면밀히 관찰하면서, 그 마음이 당신 삶을 향해 얼마나 끊임
없이 참견하는지 주의를 기울여 보세요. 우리는 항상 스스로에게 현실
에 관한 이야기를 만들어서 들려줍니다. 우리 삶에서 일어나는 모든 사
건과 활동의 배경이 되는 스토리보드를 만드는 거죠. 우리가 다른 사람
과 마주 보고 대화를 나눌 때조차 우리 마음은 배경에서 수다를 떨기도

합니다. 생각이 딴 데 가 있는 거죠. 하루 중 50~80퍼센트, 우리의 마음은 이런 상태에 있습니다. 감자 껍질 벗기기처럼 간단한 작업을 할 때 마음을 살펴보세요. 어디로 떠도는가요?

실제 상황을 예로 들어 보죠. 당신이 방금 공항에 도착했다고 상상해 보세요. 늦은 오후로 예정된 중요한 취업 면접을 위해 이른 아침 비행기를 타야 합니다. 한 시간 비행이니 시간은 충분합니다. 당신은 출발 안내 전광판을 확인하겠죠. 그런데 목적지의 악천후로 항공편이 취소됐습니다. 당신의 마음은 어디로 갈까요?

스토리보드 1:
우리는 마음속으로 이 상황을 설명하기 시작합니다. 공항 서비스가 형편없다며 부정적인 이야기를 만듭니다. '눈이 조금만 내려도 감당하지 못하다니? 세상에! 지금은 21세기라고.' 그리고 드는 생각. '왜 항상 나한테 이런 일이 생기는 거야!' 상황을 고려한다면 이해할 수 있는 일이기도 한데 말입니다.

더 화가 나고 참을성을 잃으면 주변 사람들에게 지지를 얻어내려고 큰 소리로 불평하기 시작하죠. "이건 좀 아니지 않나요?" 다른 사람들도 동의합니다. 그러면 생각이 더욱 기웁니다. 이제 주변 사람들도 고개를 끄덕이니 우리는 힘을 얻어 탄력을 받습니다. 이야기가 진행될수록 단순한 사실을 무시하고 스스로 구성한 드라마에 빠져들기로 선택하는 거죠. '저들은 대가를 치러야 해. 저들이 무능해서 내 소중한 면접 기회가 날아갈 수도 있어. 여기 담당자를 만나야겠어. 지금 당장!'

그런 다음 우리는 친구 한두 명에게 전화를 걸어 이야기를 반복합니다. 매번 약간의 양념과 분노를 더하고, 친구들의 동정심을 느끼며, 인생이 공평하지 않다는 사실을 확인하는 거죠. 우리는 지금 극도로 스트레스를 받은 상태입니다.

돌아보기: 이 이야기를 머릿속에서 돌려 우리가 실제로 성취할 수 있는 일은 딱 한 가지입니다. 스스로 화를 돋우어서 비참해지고 완전히 무능해지는 겁니다.

스토리보드 2: 대안

이 상황이 짜증스러우니 순간적으로 "빌어먹을!"이나 "젠장!"이라고 내뱉으며 자칼식 생각을 표출한 후에 우리는 현실을 있는 그대로 직시하며 사실관계를 조사하고, 우리에게 있는 모든 선택지를 평가한 다음, 행동에 옮기기로 결정합니다. 여기서 만일 우리가 할 수 있는 일이 없다면 상황을 받아들이고 목적지에 있는 회사에 즉시 알리고 나서, 그들이 상황을 이해해주겠거니 하고 믿어야죠. 결국엔 우리의 통제를 벗어난 일이니까요. 그런 뒤에는 즐겁게 계속 생활하면 됩니다.

돌아보기: 만약 이 시나리오대로 간다면, 우리는 지금 여기에서 정서적으로 안정되고 근본적으로 낙관적이며 효능감 있는 상태를 유지할 수 있습니다. 상대적으로 스트레스를 덜 받고 현실을 있는 그대로 받아들이는 거죠.

이 두 가지 마음가짐은 매우 다릅니다. 결과에 따른 책임은 누구에게 있을까요? 당연히 우리 자신이죠. 선택은 늘 우리 몫입니다. 우리가 모두 우리 마음이 지어내는 이 끊임없는 이야기의 희생양이 된다면 스스로에게 물어야 할 질문은 이것입니다. '어떻게 하면 그 이야기를 더 긍정적이고 생산적인 내용으로 바꿀 수 있을까?'

삶에 대해 늘 부정적으로 평가하면 우리는 아무 데도 가지 못하게 됩니다. 순조롭게 회의를 잘 마치고 나오면 마음이 얼마나 고요해지는지 알아차린 적이 있을까요? 아무렴요. 마음이 이러쿵저러쿵 논평할 거리가 없으니까요! 성공적이지 못한 회의와 비교해 보세요. 우리 마음이 재깍 자세히 설명하고, 논평하며, 이야기를 하기 시작하고, 우리는 현재 상황에서 벗어납니다.

자, 끊임없이 논평하는 우리의 마음을 자각하는 법을 배울 수 있을까요? 부정적인 이야기를 한결 중립적이고 덜 감정적인 서사로 바꾸는 연습을 할 수 있는지요? 문제는 상황이 아니라 우리가 생각하는 방식에 있다는 점을 유념할 수 있습니까? 이 말은 곧 우리가 보고 싶은 대로가 아니라 있는 그대로 사람과 사건을 바라보는 것을 의미합니다. 어떤 이야기도 덧붙이지 않고 삶을 직시하는 거죠.

새롭게 생각하기 연습 1: 스토리 줄이기
일상생활을 하면서

1. 당신 마음이 주변의 모든 것을 어떻게 평가하는지 관찰하세요.
2. 당신이 현실을 부정적으로, 아니면 긍정적으로 평가하는지 추적하며, 당신 마음이 어떻게 현실을 왜곡하는지 관찰하세요.
3. 기억하세요: 우리는 우리가 받아들이기로 선택한 생각들 때문

에 스스로 고통에 빠져듭니다.

4. 의식적으로 특정 상황에서 논평하지 않기로 선택하세요. 집중 모드로 넘어가서 현실을 있는 그대로 받아들이고, 자신에게 있는 선택지를 평가한 다음, 스토리를 만들어내지 말고 행동으로 옮기세요.

5. 스스로에게 물어 보세요: 어디에서 사실이 끝나고 이야기가 시작되는가?

6. 되도록 빨리 즐거운 삶으로 돌아가세요.

평가 게임

우리가 좋아하는 또 다른 게임입니다. 당신은 부정적인 생각이나 판단을 한 번도 하지 않고 하루를 보낸 적이 있나요? 그렇다면 당신은 평범한 사람이라고 할 수 없습니다! 우리는 항상 다른 사람과 상황을 평가하니까요. 사람을 만나면 늘 우리는 의식적이건 아니건 간에 어떤 식으로든 암묵적으로 그리고 자동적으로 그들을 판단합니다. 칼 로저스가 관찰한 대로, 우리가 다른 사람들에게 듣는 대부분의 말에 보이는 첫 번째 반응은 이해가 아니라 당장에 내리는 평가 또는 판단입니다. 천 분의 일 초 안에 우리 성향과 상관없이, 우리는 아주 적은 정보만 가지고도 거부, 회피, 관용, 수용, 감사라는 이 다섯 가지의 연속선 상에서 다른 사람과 상황에 관해 어떻게 느낄지 결정합니다.

우리는 왜 판단할까요? 다른 사람을 판단할 때 우리는 그들이 아닌 우리 자신을 정의하는 겁니다. 우리의 판단이 실제로는 우리 자신의 취약성, 약점 그리고 불안정성을 드러내기 때문이죠. 우리가 다른 사람을 가혹하게 판단한다면 대개는 우리 자신도 마찬가지로 똑같이 대하기에 그렇습니다.

좋은 판단력과 비판 사이에는 매우 미묘한 차이가 있습니다. 부정적인 판단은 일반적으로 우리를 단절시키고 전체 상황을 이해하지 못하게 만들거든요. 사람들과 관련해 우리가 내리는 판단은 대부분 불완전한 정보에 근거하는 경향이 있습니다. 실제로 아는 것보다 더 많이 그 사람을 안다고 생각하니까요. 여기서 저는 제 자신에게 트릭을 사용합니다.

제가 판단에 들어가는 것을 알아차릴 때마다 스스로에게 질문을 던집니다. 내가 이 사람에 대해 **정말로** 아는 것은 뭘까? 이 질문이 제 자칼을 잠재우고, 훨씬 더 건강한 정신 상태이자 판단의 해독제인 호기심으로 제가 움직이도록 이끌죠. 호기심이 있으면 판단하기가 어렵습니다.

우리의 편견

편견과 관련해 몇 마디 언급하지 않고 이번 장을 매듭짓기는 어렵겠네요. 우리가 재빨리 사람과 사건을 분류할 때 우리의 무의식적인 편견, 즉 우리가 수년 동안 길들여진 탓에 무의식적이라 여기는 편견이 배후에서 조종합니다.

신경과학에 따르면 우리는 한 번에 최대 천백만 개의 정보를 처리한다고 합니다. 그야말로 압도적인 수준인데요. 이 중 우리가 의식적으로 처리할 수 있는 건 마흔 개뿐이라는군요. 나머지는 무의식에 보관된답니다. 그렇다면 이 모든 정보를 처리할 때 우리 뇌가 신속하고 간단하게 선택해서 세상을 '좋아요', '싫어요', '무관심해요'라고 대략적으로 분류하는 건 매우 자연스러운 일입니다. 이런 빠른 판단은 세세한 행동, 즉 일상에서 벌어지는 사건에 대한 반응으로 우리가 매일 하는 말과 작은 행동으로 이어집니다. 이런 행동은 집과 직장에서 엄청난 역할을 하고요. 그 판단은 무의식적으로 일어나기 일쑤고 해롭기 마련입니다.

미세 행동

몇 가지 예를 살펴보겠습니다.

- 당신이 누군가와 이야기를 나누고 있는데 서둘러야 하는 상황이라고 상상해 보세요. 늦은 터라 어서 대화를 끝내고 싶지만, 말을 끊는 행동으로 무례하게 보이고 싶지 않아 불안합니다. 그 자리에서 당신은 시계를 흘끗 보거나 휴대전화를 확인하거나, 상대방이 그 신호로 당신 상황을 눈치채고는 그만 대화를 멈추길 기대하며 꼼지락거릴 수도 있습니다.

  주의: 흘끗 시계 보기와 휴대전화 확인하기는 오늘날 가장 일반적으로 사용하는 미세 행동의 예입니다.

- 당신은 회의를 진행하며 모든 사람에게 당신이 방금 내놓은 아이디어가 어떤지 의견을 묻고 있습니다. 당신이 테이블 앞에 앉아 있는 사람들의 얼굴을 훑을 때 팀에서 당신과 비슷하게 생각하고 행동하며 주로 당신의 의견을 지지해주어 당신이 '좋아하는' 팀원에게 무의식적으로 더 많은 주의를 기울입니다. 다른 사람들을 건너뛰고 말이죠.
- 채용 면접에서 당신은 본능적으로 당신과 매우 닮았고 경력 초

기의 당신을 떠올리게 하는 후보자에게 매력을 느낍니다. 당신은 그들이 당신 조직에 잘 맞을 거라고 생각해서 부드럽게 질문을 던지고 그들에게 더 수월하게끔 인터뷰를 이끌어갑니다.

이런 미세 행동에 위험이 따릅니다. 보통 '나는 산만하다' 또는 '나는 관심이 없다'는 메시지를 전달하며, 섣불리 오해를 살 소지가 있거든요. 이런 행동들이 어떤 파장을 미치건, 의도했든 아니든 간에 관계에는 부정적인 영향을 끼칩니다. 우리가 좋아하는 사람들과 어울릴 때도 그렇습니다. 다른 팀원을 소외시키고 사기를 꺾을 수 있지요. 마찬가지로 '나와 닮은 사람'을 선택하면 집단화 사고방식이 생길 수 있습니다.

우리는 이런 위험을 줄이기 위한 전략을 세울 필요가 있습니다. 만약 우리가 누군가와 계속 대화를 나눠야 할지, 아니면 다음 일정으로 넘어가야 할지 고민하고 있다면 이렇게 분명히 말해야 합니다.

> "중간에 끼어들어서 미안한데, 다른 약속이 있어 가봐야 합니다. 나중에 다시 만날 수 있을까요?"
> 회의 시간에도 우리는 스스로를 점검할 수 있습니다: '나는 이 대화/결정에 모든 사람을 다 참여시키고 있나? 그렇지 않다면 누구를 제외했고 그 이유는 뭘까?'
> 채용 면접에서도 우리는 이렇게 물을 수 있습니다: '내가 이 인재를 선호하는 이유는 그들이 나와 비슷하기 때문일까, 아니면 이 업무에 적합해서일까?'

개인 차이 다루기

본능적으로 우리는 익숙함을 선호하고 낯선 것을 멀리합니다. 이 선택은 종종 무의식적이고, 편안하죠. 우리가 아기일 때는 다양성을 포용하는 일이 자연스럽지만, 성장할수록 편견으로 가득 찬 세상과 끊임없이 마주치면서 편견을 배우게 됩니다. 글로벌 고객을 상대하고, 비즈니스 세계에서 다문화 인력과 함께 일하며, 다양성을 수용하고 활용하는 태도는 다른 어느 때보다도 지금, 우리에게 절실한 기술입니다.

무의식적인 편견의 영향을 줄이기 위해 우리는 특히 직장에서 다양성을 활용해 어떤 이익을 확보할 수 있는지 명확하게 이해하고, 다양성이 불러오는 문제를 의식적으로 관리하기로 결심할 수 있습니다. 개인 차원에서 이 말은 곧 우리가 편향된 판단을 내리지는 않는지 경계심을 갖자는 의미입니다. 이를테면 이런 거죠.

> '그 사람은 젊은 엄마니까 그 일에 적합하지 않을 거야.'
> '그 사람은 엔지니어라서 이해하지 못할 거야.'
> '그 사람은 이 일을 하기에는 너무 어려.'
> '그 사람은 이 일을 하기에는 너무 나이가 많아.'

편견에 대해 더 많이 알수록 우리는 그 편견의 근간이 무엇인지 더 많은 의문을 품을 수 있습니다. 바이런 케이티(Byron Katie)의 자기-질문 작업은 이 지점에서 우리에게 큰 도움을 줍니다. 그는 판단적인 생각이 우리 마음에 떠오를 때마다 스스로에게 이렇게 질문해 보자고 권합니다.

- 이런 생각은 진실인가?

- 이런 생각은 항상 진실인가?
- 이 생각이 없다면 어떨까?

방어 게임

다음 게임으로 넘어가겠습니다. 우리에게 큰 고통을 주는 삶의 또 다른 영역은 우리가 자신의 의견에 애착을 보이고 방어하는 태도입니다.

우리는 모두 다른 방식으로 의견을 형성합니다. 그러기 위해 읽고, 연구하고, 토론하고, 심사숙고하는 데 시간을 투자할 수 있습니다. 또는 미디어나 친구에게 호소력 있는 어떤 정보를 듣고 우리 자신의 의견으로 채택하겠다고 결정하기도 합니다. 그 정보의 타당성을 확인해서가 아니라 우리 세계관과 꼭 맞기 때문이죠. 어떤 방식을 선택하든 일단 우리가 의견을 형성하면 거기에 속절없이 집착하게 됩니다. 여기서 우리의 자아의식과 정체성이 커나가고요. 그 의견들은 우리의 진실, 때로는 '절대적' 진실이 됩니다.

다른 사람이 다가와서, 우리가 지금 그토록 소중히 여기는 이 의견에 감히 도전한다면 무슨 일이 벌어질까요? 그 사람은 우리의 도덕적 적이 되고, 우리는 단도직입적으로 우리의 견해를 변호하며 반대 의견을 틀린 얘기로 몰아갑니다. 이때 우리에게 남는 선택권은 단 하나, "예, 그렇지만…" 하면서 반격하는 것뿐이죠. 그런데 여기서 우리가 방어하는 대상은 정확히 무엇인가요?

좀 더 자세히 살펴보면, 의견은 추상적인 생각의 집합일 따름입니다. 에크하르트 톨레는 이를 가리켜 '선호가 포함된 생각'이라고 불렀습니다.

이런 생각은 뭐라고 딱 꼬집어 말할 수 없으며, 일시적입니다. 그저 우리 마음에 들어왔다가 나가기 마련입니다. 그런데도 우리는 이런 생각의 묶음에 커다란 실존적 가치를 부여합니다. 단순한 관점 그 이상이 되는 거죠. 그래서 그 생각들이 도전을 받으면 우리 정체성도 도전을 받는 셈이 됩니다.

우리의 존재 자체가 위협을 받는다는 느낌에 사로잡히지 않고 다른 사람이 형성한 생각의 묶음을 듣는 일이 왜 그렇게 어려울까요? 우리가 의견을 형성하는 데 얼마나 많은 시간을 투자했는지와는 상관없이 자신의 의견을 과도하게 자신과 동일시하려는 유혹을 뿌리칠 수 있을까요? 다른 생각의 집합에 호기심을 보이며 열린 마음을 유지하는 건요?

우리의 마음은 매우 교묘합니다. 쉽사리 무의식 상태로 이끌리죠. 우리보다 더 많이 가지고 있거나, 더 많이 알거나, 더 많은 일을 할 수 있는 누군가가 있다면 우리의 존재감은 떨어집니다. 그 존재감을 회복하기 위해 우리는 상대방을 비판하거나 비하해서 도덕적으로 우월한 위치에 서려고 합니다. 그러하니 삶에 지칠 법도 하죠.

다섯 개의 의자 프로그램에 참여한 한 관리자가 자신의 비판적 사고를 두고 기억에 남는 비유를 남겼습니다. 그는 회의에 들어가기 전 어떻게 총을 장전했는지 이야기했는데요. 전투를 앞두고는 자신의 주장을 방어하고 밀어붙일 준비를 했다는군요. 후속 코칭 세션에서 다섯 개의 의자 프로그램을 마친 후에 상황이 어떻게 되어가는지 물었더니, 그는 얼굴에 미소를 띠우며 이렇게 대답했습니다. "총을 치워버렸답니다." 때로는 상당한 알아차림이 필요하죠. 그가 들어가는 회의는 이제 더 생산적으로 바뀌었습니다.

새롭게 생각하기 연습 2: 워워~, 잠깐 멈추세요

여기 당신을 위해 몇 가지 생각해 볼 거리를 준비했습니다. 당신이 자신의 의견과 관련해서 흥분하는 듯한 느낌이 들 때마다 다음의 사항들을 기억하세요.

- 의견은 선호가 포함된 생각 묶음입니다.
- 생각은 추상적입니다. 그저 왔다 가지요. 생각이 '당신' 자신은 아닙니다. 당신의 정체성도 아니고요. 당신 마음속을 지나가는 손님일 따름입니다.
- 당신이 형성한 의견에 집착하지 마세요. 그 의견은 바뀔 가능성이 높습니다.
- 다른 사람들의 생각 묶음도 정확히 마찬가지 현상이라고 생각하세요.
- 자신이 지나치게 반응하거나 거만하게 상대방을 무시하고 있다는 걸 알아차리면 잠시 멈추고 스스로에게 물어 보세요. 여기서 중요한 것은 뭘까? '정말' 중요한 것이 뭘까? 나의 진짜 의도는 무엇인가? 내가 옳기를 바라는 걸까(소외), 아니면 이 사람과 대화를 이어가고 싶은 걸까(연결)?
- 다른 사람의 생각 묶음을 탐색하는 일에 마음을 열고, 자신의 생각도 집착하지 말고 아낌없이 공유하세요. 이렇게 하면 다른 사람의 생각도 더 잘 듣고, 자신의 아이디어 포트폴리오도 풍성하게 가꿀 수 있습니다.

- 다른 사람이 본인의 의견을 맹렬히 변호하면, 한 발짝 물러서서 실제 일어나고 있는 마음 상태를 차분히 살피세요. 그리고 자신의 의견을 설명하기 전에 그 사람의 관점을 탐색하겠다는 의지를 보여주면서 대화의 온도를 낮추세요. 저항하거나 방어하지 말고, 호기심을 보여주세요.

'내가 옳다' 게임

이번에는 '내가 옳다' 게임입니다. 한번은 오빠가 가족 모임에서 저의 '내가 옳다' 행동을 두고 몇 가지 피드백을 해준 적이 있는데, 그때 일을 결코 잊을 수가 없습니다. 저희 어머니는 과장하는 경향이 있는데, 풍요로움을 지향하시지요. 모임에 손님이 몇 명 참석했더냐는 질문을 받고는 "삼십 명"이라고 대답하시더라고요. "틀렸어!" '또 저런다'는 말투로 어머니를 바로잡아주는 것이 제 역할이었습니다. "아냐, 엄마. 서른 명이 아니라 열세 명." 그 말을 들은 오빠가 제 팔을 살짝 찌르며 슬며시 귓가에 속삭이더군요. "아무려면 어때, 상관없잖아." 이런저런 생각할 틈도 없이 내 안의 자칼이 발동했습니다. '상관없다'니, 이 무슨 말인가요. 당연히 상관이 있죠. 어머니는 틀렸고, 그러니 바로잡아야 하잖아요. 때마침 오빠가 이어서 말하더군요. "넌 어머니와 관계를 맺고 싶은 거야, 아니면 옳고 싶은 거야?" 침묵하고, 관점 살피기!

옳고자 하는 욕구가 저를 '나는 뭐든 다 알아' 경찰관으로 만들었습니다. 그래서 고지식하게 어머니의 잘못을 찾아내고 제거하는 것이 제 역할이라고 생각했던 거죠. 매우 걸리적거리고, 좀처럼 세심하지 못하며, 이 경우에는 완전히 부적절했습니다. 사람들은 대부분 공개적으로 잘못을 지적받거나 잔소리 듣기를 반기지 않으니까요.

사실, '내가 옳다' 게임에서는 모두가 패자입니다. 이 게임은 죄책감과 수치심, 처벌을 조장하기 때문입니다. 그날 오빠가 슬쩍 저를 찌른 행동이 제가 거만해지려는 유혹에 빠질 때마다 끊임없이 저 스스로에게 묻는 제 안의 근본적인 질문을 자극했습니다.

　　"여기서 중요한 건 뭘까? 여기서 정말로 중요한 건 뭐지?"

이 질문은 무엇이 옳고 그른가보다는 그 상황에서 내 의도 속으로 '예리하게' 집중하는 데 도움이 됩니다. 어머니 입장에서는 사실 모임에 몇 명이 왔는지는 그리 중요하지 않았습니다. 어머니의 감사해하는 마음과 풍요로움에 연결되는 것이 중요했지요. '옳다'는 우리 주장은 매우 쉽게 타인을 소외시키고 단절로 이어집니다.

우리가 옳다는 것을 알면서도 상대방이 어떤 이유로든 상황의 '증거'를 인정하지 않고 철벽 방어하는 대화를 나누고 있다는 사실을 우리가 알아챘을 때, 무슨 일이 벌어질까요? 곧바로 부당하다는 감정이 들 테고, 분노가 코앞으로 불어닥칩니다. 만약 감정이 지배하도록 허용한다면 우리는 우리 목표에서 탈선한 채 순식간에 대화를 거칠게 몰아갈 겁니다. 이런 상황에서는 심호흡을 한 다음 잠시 멈추고 '여기서 정말로 중요한 건 뭘까?'라고 자문해 보는 것이 중요합니다. 그렇게 해서 해답을 얻는다면 여기서 내가 옳다고 증명하기를 포기할지, 아니면 추구할지, 그도 아니면 다음 기회에 다시 이야기해 볼지 결정하는 데 도움을 줄 겁니다. 물론 우리의 전반적인 목표는 항상 감정에 휘둘리지 않고 명료하게 사고하는 거죠. 상황이 중요할수록 당연히 더욱 어려운 일입니다. 우리 감정이 우리의 효율성을 방해하지 않도록 정말로 감정을 통제할 수 있을까요?

새롭게 생각하기 연습 3: 나도 여러 옳음 중 하나다.

다음번 대화에서 '옳고' 싶은 생각이 든다면 스스로에게 이렇게 질문해 보세요.

- 나는 상대방의 말을 듣고 있는가, 아니면 자신을 변호하려고 준비하는가?
- 여기서 내 진짜 의도는 뭘까?
- 나는 옳고 싶은가, 아니면 관계를 맺고 싶은가?
- 여기서 정말로 중요한 건 뭘까?
- 그 사람들이 하는 행동은 동기가 뭘까?
- 내가 옳다면 그 점을 상대방의 반응도 관리하면서 어떻게 전달할 수 있을까?

탓하기 게임

아주 대단한 게임입니다. 우리는 모두 누구 탓을 하거나 어떤 것을 핑계로 삼곤 합니다. 한마디로 인간 세계에서 잘 발달된 스포츠입니다. 존 G. 밀러(John G. Miller)가 개인의 책임을 규명한 연구에서 매우 정확하게 관찰한 대로, 매일같이 일어나는 '블레임 스토밍[2]−폭풍 탓하기'의 순환은 이렇습니다. 최고경영자(CEO)는 부사장을 탓하고, 부사장은 매니저

2　blame-storming, 흔히 사용하는 brain-storming에 빗댄 표현

를 탓하고, 매니저는 직원을 탓하고, 직원은 고객을 탓하고, 고객은 정부를 탓하고, 정부는 국민을 탓하고, 국민은 정치인을 탓하고, 정치인은 학교를 탓하고, 학교는 부모를 탓하고, 부모는 자식을 탓하고, 아이들은 교사를 탓하고, 그렇게 돌고 도는 거죠.

그래서 이 모든 탓하기로 얻는 건 정확히 무엇인가요? 저는 탓하기 문제야말로 직장에서 공개적이고 체계적인 방식으로 정면 돌파해야 한다고 굳게 믿는 사람입니다. 공개하지 않으면 지하로 숨어 들어가 곪아터져서 막대한 피해를 입히게 될 겁니다. 게다가 해결하지 않으면 조직의 관계와 관행을 순식간에 훼손할 테고요. 탓하기에 **이름을 붙이고 의견을 밝히는 노력이 탓하기를 줄이는 첫걸음입니다.**

사일로 효과를 핵심 문제로 고민하는 고객과 작업할 때, 저는 팀이나 조직의 비중 있는 구성원들을 초대해 일곱 가지 주요 질문을 중심으로 폭풍 탓하기 세션을 진행합니다. 이 세션에서 참여자들은 자신의 비난 역학을 자세히 분석하게 됩니다. 일곱 가지 질문은 탓하기를 합리적이고 객관적인 방식으로 바라보도록 설계됐습니다. 우리의 잠재적 효율성을 파괴하는 요인이 무엇인지에 관심을 기울여야만 문제를 방지하기 위한 공동 전략을 집단적으로 세울 수 있습니다.

각 질문 뒤에는 다섯 개의 의자 프로그램에 참여한 사람들로부터 수집한 답변을 엄선해서 넣어뒀습니다. 이 답변들은 우리가 탓하기의 진흙탕에서 방향을 찾아가는 데 분명히 도움이 될 겁니다.

블레임 스토밍—폭풍 탓하기 질문

1. 탓하기란 무엇일까요?

탓하기는 자기방어의 한 형태입니다. 책임을 회피하는 방법이죠. 다른 사람의 잘못이나 실패를 폭로하는 식이고요. 일종의 협박입니다. 판단의 공범이 되는 거고, 다른 사람을 처벌하는 행동입니다. 부끄러움의 산실이죠. 우리 안에 뿌리 깊이 자리하고 있어 전염성이 있는가 하면, 희생양입니다. 우리가 어릴 때 배우는 행동이고, 사회적 질병이에요. 집, 직장, 텔레비전, 정치, 교육 등 어디에나 있거든요. 그래서 시도하기 쉽습니다. 순전히 자기이익 때문이고, 내가 속한 집단만 생각하는 행위입니다. 고통스럽고 비효율적이죠. 책임감이 부족하다는 것을 보여주는 한 단면입니다.

2. 당신은 조직 안에서 탓하기 게임을 하고 있습니까?

지금까지 이 질문에 대한 대답은 만장일치로 '예'입니다. 사람들은 또한 탓하기의 강도가 조직이 실수에 베푸는 관용이나 조직이 직원을 평가하는 근본적인 가치, 또는 리더십 스타일에 따라 달라질 수 있다는 점에 주목했습니다. 명령과 통제형 리더십은 탓하기의 원인이 되지만, 참여형 또는 섬김형 리더십은 탓하기를 줄이려고 노력합니다.

3. 언제 그리고 누구를 탓합니까?

우리는 언제 탓할까요? 조직 변화 프로젝트, 인수 합병, 조직 개편, 해고, 경기 침체, 직원 부족 같은 사안이 발생하는 동안이죠. 우리가 압박을 받고, 실수하고, 실패를 무릅쓰거나 논쟁의 여지가 없는 상황에 처했을 때도 그렇고요.

누구를 탓합니까? 우리 자신, 모든 직급의 개인, 관리자, 팀 구성원, 다른 프로젝트 또는 복합 기능의 팀, 다른 조직, 매트릭스 조직의 일부와 같이 기본적으로 탓하기의 순환 고리에 있는 모든 사람이라고 할 수 있습니다!

4. 우리는 왜 탓하기 게임을 할까요?

우리 자신에게서 다른 곳으로 문제를 돌리기 위해, 우리 행동에 따르는 책임을 회피하기 위해, 멋지게 보이고, 이미지를 지키고, 우리 뜻대로 하기 위해, 그리고 우리의 자아를 보호하기 위해서죠.

5. 우리는 왜 남이 내 탓으로 돌리는 소리를 회피하고 싶을까요?

우리 이미지와 평판에 직접적으로 영향을 주기 때문입니다. 우리는 사람들이 우리를 좋게 생각해주길 바라는데, 그건 보편적인 욕구입니다. 탓하기는 상여금과 승진 가능성을 낮출 수 있는데, 그 결과는 가벼운 당혹감부터 깊은 수치심, 법적 제재, 자유와 더불어 극단에는 생명을 잃는 일까지 다양합니다.

6. 그렇다면 탓하기는 어떤 영향을 미칠까요?

기업 문화에 침투해서 부패하게 만들고 기업의 기반을 해칩니다. 경쟁을 부추기고 신뢰와 청렴성도 무너뜨리고요. 두려움을 조장하고 투명성을 없애기도 하죠. 개인과 조직의 성장을 가로막는 것은 물론, 도덕성을 떨어뜨립니다. 내부 긴장을 높여 고객과 맺는 관계에도 해를 끼칩니다. 창의성과 혁신을 차단하기에 유연성도 잃어버리죠. 오류를 은폐하고 개선을 방해하는 터라 자금도 낭비됩니다.

7. 탓하기 문화를 개선하기 위해 우리는 무엇을 할 수 있을까요?

자신의 실수를 깨끗이 인정하고 그 책임을 받아들이는 법을 배워야 합니다. 실수를 학습 경험으로 삼는 거죠. 그러면 실수해도 '안전한' 문화를 만들 수 있습니다. 탓하기의 근본 원인을 분석하고 조직을 개선하는 기반으로 활용할 수도 있고요. '우리는 한배를 탔다'는 개념을 강조할 수 있으니까요. 탓하기 질문을 '게임' 질문으로 바꿀 수도 있습니다(아래 참조). 아울러 우리는 개개인이 더 많은 책임을 지기로 결정할 수도 있습니다.

새롭게 생각하기 연습 4: 탓하기에서 게임으로

책망하는 태도를 줄이기 위해 개인과 팀이 함께 실천할 수 있는 매우 효과적인 연습이 있습니다. 여기에는 묻는 법을 배우는 시간도 포함됩니다.

'탓하기(blame)' 질문이 아닌 '게임(game)' 질문

탓하기 모드에 있을 때 우리 자신을 주의 깊게 관찰해 보면, 우리는 뚜렷한 행동 두 가지를 합니다.

1) 판단하는 발언을 합니다: "저 사람들은 무능해." "그런 건 절대로 실현 불가능하지."
2) 탓하기 질문을 합니다: "왜 저 사람들은 항상 늦지?" "저 영업팀 사람들은 무슨 문제가 있는 거야?"

이 연습에서 우리는 우리가 매일 품는 탓하기 질문을 추적하고 더 생산적인 '게임' 질문으로 바꾸는 데 집중합니다. 예를 들어 "그 사람들은 언제쯤이면 더 효율성을 높일까요?(탓하기 질문)"라고 질문하는 대신 "그 사람들이 더 효율성을 높이려면 우리가 어떻게 도와야 할까요?(게임

질문)"라고 질문할 수 있습니다. 다음과 같은 탓하기 질문의 예시를 살펴
보세요.

- 그들은 언제쯤에나 우리에게 더 많은 예산을 줄까요?
- 왜 그들은 자기네 업무 프로세스를 개선하지 않습니까?
- 당신 상사한테는 무슨 문제가 있는 겁니까?
- 도대체 저 프린터는 언제 바꿔준답니까?
- 누가 초안을 바꿨습니까?
- 왜 그들은 생산 속도를 올리지 못하는 겁니까?
- 경영진은 언제 우리와 이야기를 나눌 생각이랍니까?
- 왜 언제나 내가 모든 일을 해야 하는 겁니까?

이런 말들은 우리가 좌절감을 느끼거나 문제에 직면했을 때 가장 먼저
떠오르는 생각입니다. 그러니 우리 반응이 부정적이고 방어적이며 탓하
기 지향적으로 흐르는 거죠. 이 질문들이 '언제' '왜' '누구'라는 의문사로
시작한다는 점에 주목하세요. 불평이나 탓하기나 미루기의 요소를 암시
한다는 사실에 유의하길 바랍니다.

이런 질문은 어떤 영향을 끼칩니까?

'언제(When)'를 묻는 질문은 누군가가 미루었거나, 시간을 허비했
거나, 마감일을 놓쳤거나, 일을 제대로 하지 않았다는 점을 암시합
니다. '왜(Why)'를 묻는 질문은 당사자가 피해를 입었거나 자신에겐
개인적 책임이 별로 없다는 점을 암시합니다. '누구(Who)'를 묻는 질
문은 범인을 색출하는 마녀추적을 암시합니다.

이런 질문을 던져서 결국 무엇을 성취할까요?

두려움, 비난, 비밀주의, 위축, 방어와 같은 유독한 반응을 제외한다면 얻는 건 하나도 없습니다.

한 워크샵에서 에크하르트 톨레는 친구 이야기를 들려주었습니다. 그 친구는 탓하기가 전혀 없는 행동의 완벽한 사례를 보여줬죠. 그가 친구의 차를 하룻밤 빌려 쓰고 돌아와서 집 앞에 주차했는데, 그만 헤드라이트 끄는 것을 잊었더랍니다. 다음 날 아침 식탁에는 친구가 보낸 메모가 놓여 있었죠. "나가서 보니 헤드라이트가 켜져 있더라고. 배터리가 방전됐어. 이 번호로 연락해서 점검을 요청해주겠어?"상대방을 탓하려는 의도도 책망도 없이, 그저 관찰과 사실만이 적혀 있습니다. "나가서 보니 헤드라이트가 켜져 있었다…"와 "네가 헤드라이트를 켜놓아서…" 사이의 강렬한 차이가 느껴지나요?

우리는 '탓하기 질문'을 줄이기 위해 어떤 대안을 가지고 있을까요?

우리는 좀 더 생산적인 질문으로 향할 수 있습니다. 인생이라는 게임에 '참여'하기로 선택한 곳에서 '게임' 질문을 던지며 적극적으로 기여할 수 있습니다. 게임 질문은 삶의 무대에 존재하는 힘을 반영합니다.
- 내가 무엇을 할 수 있을까?
- 어떻게 내가 도울 수 있을까?
- 어떻게 내가 기여할 수 있을까?
- 내가 어떻게 하면 효과를 더 높일 수 있을까?

- 나는 여기서 무엇을 배울 수 있을까?
- 내 성과를 어떻게 향상시킬 수 있을까?
- 나는 어떤 조치를 강구할 수 있을까?
- 여기서 어떻게 차이를 만들어낼 수 있을까?

이 질문들은 '무엇'과 '어떻게'를 묻고, '나'를 주어로 삼기 때문에 자기 자신을 향합니다. 그래서 능동적이고, 우리에게 힘을 실어주며, 우리가 행동에 나서도록 이끕니다.

"왜 고객들은 규정을 따르지 않지?"와 "규정과 관련해서 고객을 돕기 위해 내가 무엇을 할 수 있을까?" 사이에는 에너지 측면에서 차이가 있습니다. 우리는 스스로 참여를 독려하고, 도전에 맞서고, 피해자가 아닌 참가자가 되지요. 탓하기는 차단하지 않으면 교활하게 전염됩니다. 딱 두 사람만 함께 탓하기를 해도 주변으로 독성이 흘러가거든요. 게임 질문으로 실험해 보고 활용해 보세요. 주변의 에너지가 어떻게 달라지고, 문제가 얼마나 더 빨리 해결되는지도 살펴보시고요. 탓하기 문화를 게임 문화로 바꾸려면 반드시 개개인이 노력해야 합니다. '게임' 질문을 다루는 노력은 이런 변화를 시작하는 실용적인 방법 중 하나입니다.

불평 게임 – 인간의 최고 스포츠!

불평이라는 인간의 스포츠가 사라진다면 우리가 지금 알고 있는 인류에게 직접적인 위협이 될 겁니다! 탓하기와 함께 불평은 우리가 무척 좋아하는 스포츠 중 하나이니까요. 말하자면 사회적 결속인 셈이죠. 불평은 우리를 하나의 사회로 묶어줍니다.

날씨에 대해 불평하지 않는 순간을 상상할 수 있을까요? 정치인, 세금, 형편없는 서비스, 우체국, 대중교통, 주차 단속원, 교육제도, 소수민족, 뉴스, 흡연, 피곤함, 연애, 아이들, 배우자, 부모님, 이웃, 우리의 상사, 우리의 동료들, 오염, 부족한 시간, 야근, 삶…! 이 모든 불평을 빼면 무슨 할 이야기가 남을까요? 세계적인 수준의 불평가가 주로 하는 일은 이렇습니다:

1. 언제나 과장하기! 여기에는 모든 형태의 수식이 허용됩니다. "외국인들이 **모든** 좋은 직업을 다 차지하고 있어." "요즘 좋은 직원을 찾기가 **불가능해.**" "그 사람들은 늘 틀리더라!" "주문한 음식이 나오려면 도대체 **몇 시간**이 걸리는 거야!"

2. 사실을 간과하기! 효과적으로 불평하려면 진실은 아무래도 상관없습니다. 불만사항과 관련된 모든 사실을 무시하는 건 필수죠. 게다가 당신 주장을 뒷받침하는 데 필요한 것이라면 뭐든 꾸며냅니다.

3. 할 수 있는 일이 하나도 없는 사안을 두고 불평하기! 사람들이 변화를 원해서 불평하는 것 같은가요? 다시 생각해 보세요. 변화를 바라고 불평하지는 않습니다. 그저 불평을 위한 불평일 뿐이죠.

4. 늘 과거와 현재를 비교하기! 예전만큼 좋은 건 없으니 그걸 우려먹으세요. "나 때는 그렇지 않았어." "영업사원들이 예의 바르고 착했던 적이 있지." "요즘 젊은이들은 도대체 왜 그래?" 현재 불평할 일이 없으면 과거로 눈을 돌려 보세요. 보물 창고가 기다리고 있습니다!

새롭게 생각하기 연습 5

우리는 여기에 어떻게 대처해야 할까요? 인류를 위해 방금 소개한 규칙을 근본적으로 뒤집어서 불평하지 않기로 세계적 수준의 사람이 되어 보세요.

- 당신이 가진 것에 대해 매 분, 매 시간, 매일 감사함을 느껴 보세요!
- 우리가 터트리는 불만은 우리가 원하지 않는 부분을 설명한다는 점을 항상 기억하세요. 우리가 바라는 것을 이야기하고, 그 소망이 이루어질 수 있도록 요청사항을 준비해 보세요.
- 더욱 적극적으로 나서는 법을 배우세요. 당신의 욕구를 명료하게, 존중하는 방식으로 표현해 보세요. (알아차림 의자에 관해 설명한 6장 참고)

회사에서 불평 제로 챌린지를 시작해 보세요. 가장 오랫동안 불평 한마디 하지 않는 사람이 상을 받습니다. 모두가 모니터 역할을 하고요. "방금 불평했네요."라고 지목되면 그 참가자는 탈락합니다.

가십 게임

누구의 친구도 아닌,
내 이름은 가십.
나는 정의를 존중하지 않습니다.
죽이지 않고 불구로 만들죠.
나는 마음을 아프게 하고 삶을 망칩니다.
교활하고 악독하며 나이가 들어갈수록 힘이 커지고요.
더 많이 인용될수록 더 많은 신뢰를 얻는답니다.

내 희생자들은 속수무책이죠.

나는 이름도 없고 얼굴도 없기 때문에 그들은 나에게 맞서 스스로를 보호할 수 없거든요.

나를 추적하는 것도 불가능합니다.

당신이 더 열심히 노력할수록, 나를 피해가기는 더욱 어려워지죠.

나는 누구의 친구도 아니랍니다.

내가 평판을 더럽히면, 결코 이전과 같아질 수 없고요.

나는 정부를 무너뜨리고 결혼 생활도 파괴합니다.

경력을 망치고 잠 못 이루는 밤이면 나는 상심과 소화불량을 일으킵니다.

나 때문에 무고한 사람들이 베개에 얼굴을 파묻고 울지요.

내 이름조차 쉭쉭 거리네요. 사람들은 나를 가십이라고 부릅니다.

나는 헤드라인을 장식하고, 두통을 유발합니다.

이야기를 옮기기 전에 스스로에게 물어 보세요.

그 이야기는 사실일까?

해롭진 않고?

필요한 이야기일까?

대답이 "NO"라면 그 말을 옮기지 마세요.

가십은 우리 인간들 사이에서 만국의 공통어입니다. 우리가 쉽게 빠져드는 교활한 사회적 게임이죠. 암스테르담대학교 연구팀이 발견한 바에 따르면, 사무실에서 오가는 전체 대화의 최대 90퍼센트가 가십에 해당했습니다.

우리는 왜 가십에 빠져들까요?

우리는 다른 사람이 살아가는 모습에 대해 기꺼이 알고 싶어 합니다. 미국에서 연예인 가십은 30억 달러 규모의 산업입니다. 가십도 가십 나름이죠. 많은 전기(傳記)들처럼 사실에 근거해서 사람들의 삶을 보여주는 것과, 비하하는 말로 사람들 이야기를 하는 것은 다릅니다. 다른 사람을 가리켜 보편적이고 우호적이며 지지 어린 농담을 하는 것과 다른 사람의 호감도와 신뢰성을 직접적으로 공격하며 훼손하는 가십 사이에는 차이가 있습니다.

가십이 걷잡을 수 없이 불어날 때 이를 알아차리는 것이 중요합니다. 재빨리 가십을 해결하지 않으면 불신 문화로 이어지니까요. 가십은 대인관계를 해치고, 직원에게 돌아가는 동기 부여와 생산성을 떨어뜨립니다.

가십의 뿌리는 무엇이며 어떻게 대처해야 할까요?

첫 단계는 험담꾼을 가려내는 법을 아는 겁니다. 험담꾼은 기본적으로 관심을 끌고 싶어 하는 사람들이며, 그들이 휘두르는 기술은 '인신공격'입니다. 종종 낮은 목소리로 말하고 도덕적인 어조를 띠는데, 그들은 당신이 알고 싶어 하는 범위보다 더 많은 정보를 줄 겁니다. 그들은 나 대 그들이라는 식으로 사고하고, 과장을 좋아하며, 불안감에 시달리곤 하죠.

둘째 단계는 가십 뒤에 숨은 의도를 이해하는 것입니다. 우리는 우월감을 느끼고 싶어서 험담을 할까요? 아니면 그룹에서 소속감을 느끼려고? 자신이 불행하거나, 다른 누군가를 부러워하거나, 그 사람에게 화가 나서요? 가십을 공유해서 관심의 중심에(일시적이기는 하지만) 서고 싶습니까? 이런 의도는 얼마나 건전한가요?

가십을 즐기는 사람은 어떤 평가를 받을까요?

때로는 험담꾼이 회사에서 정보를 수집하는 데 영향력 있는 참고자료가 될 수 있습니다. 사람들은 직장에서 무슨 일이 벌어지고 있는지 알고 싶고, 업무 문제를 논의해야 하니까요. 물론 험담이 제공하는 정보의 타당성은 의심해 봐야 합니다. 대부분이 전해 들은 이야기인데 얼마나 믿을 만할까요?

> 당신에게 험담을 꺼내는 사람은 당신도 험담할 것이다.
> • 튀르키예 속담

대개 험담꾼은 신뢰할 수 없기에 별로 인기가 없습니다. 다른 사람에 대한 사적인 정보나 부정적인 판단이 퍼져나가는 일은 당신이 그 험담의 당사자라면 일반적으로 고통스러운 과정입니다.

다른 사람이 험담을 시작하는 상황과 마주치면 우리는 어떤 선택을 할 수 있을까요?

1. 험담에 가담할 수 있습니다. 우리 자신이 지어낸 가십도 덧붙일 수 있고요. 독설의 수위를 높일 수도 있습니다. 하지만 이 방법은 대체로 문제를 더 키우기에 권장하지 않습니다!
2. 그 자리를 벗어날 수 있습니다. 의식적으로 가십에 참여하지 않는 쪽을 선택해 보세요.
3. 자신의 의견을 당당히 밝힐 수 있습니다. 이것이야말로 우리가 선택해야 할 가장 용감하고 효과적인 행동입니다. 침묵을 지킨다면 그 행동을 용인하는 셈이죠. 험담하는 사람을 험담하는 행

동은 험담을 늘려갈 뿐입니다!

실제 상황에서는 어떻게 하면 좋을까요? 다음은 몇 가지 제안입니다.

1. 누군가가 직장에서 가십을 시작한다면, 당신이 보고 싶은 행동을 직접 수행해서 보여주세요. 그 자리에 없어서 자신을 변호할 수 없는 사람을 두고 이러쿵저러쿵 이야기하는 것이 불편하다고 표현하세요. "성진 씨가 이 자리에 없어 자신을 변호할 수 없는 상황에서 그 친구 이야기를 하는 것이 나는 불편합니다." 그런 뒤에 주제를 바꾸세요.

2. 가해자가 피해자에게 직접 말해야 한다고 제안해 보세요. "이 문제라면 명진 씨와 직접 이야기하는 것이 좋을 것 같군요."

3. 가십을 즐기고 있다는 점에 초점을 맞춰 보세요. "민정 씨 이야기를 많이 하시네요. 그 사람에게 관심이 많은가 봐요?"

4. 가십의 대상이 되는 사람의 관점과 그들의 욕구를 설명해주세요. "글쎄요. 영철 씨 관점에서 살펴보자면, 그는 아마도…"

팀 내부에서 도는 가십

당신이 팀의 리더라면 독성 없는 문화를 만드는 것이 필수입니다. 독을 퍼트리는 구성원 한 명이 팀을 파괴할 수 있기에 팀을 보호하려면 적극적인 리더십이 필요하죠. 팀에 험담하는 사람이 여러 명 있다면, 대면 피드백/코칭 세션을 활용해 직접적으로 문제를 다루는 것이 매우 중요합니다. 험담하는 습관이 어떤 영향을 끼치는지, 그들이 부정적 행동을 계속한다면 어떤 결과를 가져올지 그들이 이해할 수 있도록 도와야 합니다. 사기를 높이는 이야기를 공유하는 긍정적인 소문과 업무 관계를 파괴하는 부정적인 가십의 차이를 보여주면서 처음부터 팀과 함께 공개적으로 주제를 다루는 일도 중요합니다.

누군가 당신에게 "아무에게도 말하지 말아요." 또는 "비밀을 지킬 수 있나요?"라고 말한다면?

함정을 조심하세요. 다른 사람이 우리에게 신뢰를 보여준다고 우리가 우쭐해할 때 비밀을 지켜야 하는 함정에 빠지기 쉽습니다! 신뢰와 소속감은 우리의 자아를 쓰다듬으며 기분 좋게 띄워주지만, 여기에는 대가가 따르기 마련이죠. 어느 단계에 가면 정직함이 훼손될 수 있습니다. 동의하기 전에 그런 약속에는 책임이 따른다는 점을 떠올리세요. 상황이 불편하다면, 처음부터 단호하게 경계하시고요: "전 당신을 응원하고 싶지만, 비밀을 지키는 건 내키지 않네요."

함께 가십을 즐기고 싶은 충동을 느낄 때 우리는 어떤 선택을 할 수 있을까요?

1. 가십의 대상인 사람이 당신 말을 듣는다고 상상해 보세요. 그들의 기분이 어떨까요?
2. 가십하려는 욕망 뒤에 숨은 의도를 점검해 보세요. 그 의도는 건전한가요?
3. 최대한 개인적으로 해석하지 말고 사실만을 말해 보세요.
4. 사람들과 어려운 대화를 나누는 연습을 해보세요. 용기와 진정성을 키우고, 남의 등 뒤가 아니라 직접 얼굴을 보고 말하는 법을 배워 보세요. 세심하게 준비하고 요령 있게 접근하면서 우리가 모두 배울 수 있는 기술입니다.

새롭게 생각하기 연습 6

누군가에 관한 소문을 퍼뜨리고 싶은 유혹을 느낄 때 지켜야 할 황금률이 있습니다. 다른 사람 이야기라면 뭐든 상대방이 늘 전해 듣는 법이라고 가정하세요.

결론: 공격 의자

더 건강한 직장을 만들고 싶다면 공격 의자에서 해야 할 일이 많습니다. 상황이 어떻게 다를 수 있고, 어떤 대안이 가능한지 깨닫기만 해도 우리 안에 변화가 생길 수 있습니다. 다섯 개의 의자 프로그램에 참여했던 한 여성 임원의 반응이 생생하게 기억납니다. 그 사람은 천성적으로 자기주장이 강하고 적극적이며 때로는 지배적인 여성이었답니다. 프로그램 첫날이 끝날 무렵, 저는 모든 참여자에게 작은 정신 식이요법을 시작하자고 요청했지요. 우리가 다시 모이는 다음날 아침까지 최대한 의식적으로 판단을 보류해 보자고요. 다음 날 아침, 그 사람은 눈을 반짝이며 자신의 경험담을 들려주었습니다.

매우 과중한 업무로 VUCA[3] 세계에 자주 압도당했던 그 여성은 저녁이 되어 가족에게 돌아가면 화를 내고 불평하며 남편과 아이들의 트집을 잡는 습관이 되살아났습니다. 그러면 가족 간에 싸움이 벌어지고 모두 각자의 일을 하거나 조용히 텔레비전을 시청하곤 했죠.

---

3 변동성(Volatility), 불확실성(Uncertainty), 복잡성(Complexity), 모호성(Ambiguity)의 머리글자를 딴 합성어

하지만 그날 저녁에는 일어나는 모든 일, 심지어 하늘에서 내리는 '비'를 대상으로도 긍정적인 측면만 찾으며 가족과 함께 '존재'하는 방식을 의식적으로 바꾸었습니다! 그랬더니 잠자리에 들기 전 남편이 머뭇거리며 "당신, 괜찮은 거야?"라고 물을 정도로 집안 분위기가 평화롭고 고요하며 가벼워졌다는군요.

그 여성은 자신의 의식적인 노력이 그날 저녁 온 가족의 분위기를 바꾸어놓았다는 사실에 놀랐습니다. 자신의 저항 수준을 낮추고 끊임없이 통제하려는 욕구를 내려놓았더니, 당장 자기 자신부터 가벼워진 느낌을 받았답니다. 그 여성은 스스로가 자기 자신뿐 아니라 가족의 행복을 짓는 건축가라는 사실을 깨닫고 깊은 감동을 받았다는군요.

이것이 바로 우리가 매일 사용할 수 있는 힘입니다.

핵심 사항

그래서 공격 의자에서 우리는 무엇을 얻을 수 있을까요?

- 우리가 모두 직장과 가정에서 비생산적인 태도와 행동에 기여한다는 점을 알아차리게 됩니다.
- 우리는 모두 자신의 비생산적인 행동을 좀 더 의식적인 방식으로 조절하고 바꿀 수 있는 힘을 지니고 있습니다.
- 충분히 많은 사람이 이 변화에 동참한다면 직장과 가정 모두에서 우리 삶에 더 큰 안녕과 행복을 가져올 수 있습니다.

도전

이 의자에 앉아서 우리가 시도할 수 있는 일상적인 도전은 다음과 같습니다: 부정적인 생각에서 얼마나 빨리 돌아설 수 있습니까?

이 도전을 완수하기 위해 지금까지 이번 장에서 설명한 다음의 일곱 가지 자칼 줄이기 연습을 실천해 보길 권합니다. 그리고 나서 이 연습이 당신의 모든 관계를 재구성하는 데 미치는 강력한 영향력을 살펴보세요.

칠 주 동안 매주 하나의 연습에 집중한 다음, 주기를 반복하세요. 또한 당신 팀과 가족하고도 함께해 보세요. 당신 삶에서 사전에 자칼 행동을 적극 추방하고자 노력하길 바랍니다! 자칼 모드에 있는 누군가를 발견했다면 부드럽게 넌지시 알려주세요. "방금 자칼이 나왔네요."

일곱 가지 자칼 줄이기 연습

스토리보드 게임

인생에 대한 부정적인 비판을 줄이세요.
단순한 사실과 관찰만으로 일하세요.
현실을 과도하게 설명하지 말고요.

평가 게임

누군가 또는 무언가를 평가하기 전에 항상 자신에게 되물으세요.
"내가 이 사람 또는 이 상황에 대해 정말로 알고 있는 건 뭘까?"

방어 게임

의견은 그저 마음을 스쳐 지나가는 추상적인 생각의 묶음이라는 점을 항상 기억하세요. 거기에 집착하지 말고요. 내 의견이 나 자신은 아닙니다.

'누가 옳은가' 게임
'내가 옳다'가 아니에요. 나도 여러 옳다 중 하나죠.

탓하기 게임
탓하기 질문이 아닌 게임 질문을 던져 보세요.

불평 게임
불평하지 않기로는 세계적 수준의 인사가 되어 보세요.

가십 게임
오직 두 가지 선택지만 있습니다. 그 자리를 떠나거나 자신의 의견을 분명히 밝히세요.

4장

두 번째 의자 – 자기 의심 의자, 고슴도치

자기 의심 의자는 다섯 의자 중 아마도 가장 취약한 의자일 겁니다. 이 의자는 다양한 반응을 불러 일으킵니다. 어리둥절해하는 사람, 무시하는 사람이 있는가 하면, 많은 사람이 회피하기도 하고, 자기부정에 빠진 사람들은 "난 절대로 거기에 앉지 않겠어!"라며 거부합니다. 다른 사람들, 특히 여성들 중엔 "제가 딱 그래요. 전 항상 그 의자에 앉아 있어요!"라며 완전히 동감하는 분들도 있습니다. 이 의자에 앉아 있을 때면 우리는 취약함을 느끼고 방어막을 칩니다. 대개 자신을 판단하고 비판하며 자멸적인 행동에 빠지죠. 자신의 결점과 무가치함을 곱씹으며 부정적인 혼잣말로 자존감을 깎아먹고요. 우리는 늘 자신이 부족하다고 느낍니다. 그래서 다른 사람에게 우리의 권한을 넘겨주거나 피해자 전략을 쓰곤 합니다. 스스로에게도 엄격하고요. 사실상, 우리는 스스로에게 자칼을 들이밀어 자신을 공격합니다.

이 의자는 고슴도치에 비유할 수 있습니다. 고슴도치 하면 가장 먼저 무엇이 떠오르나요? 탱탱하고 뾰족한 공 이미지, 공포를 느끼면 본능적으로 웅크리는 반응, 연약한 배를 보호하는 막강한 가시 방어막, 숨어서 짓는 두려운 표정?

집단적 자만에 도취되어 있는 공격 의자와는 달리, 자기 의심 의자는 자의식을 더 많이 느끼는 곳입니다. 그래서 가장 자기 연민이 필요한 의자인 거죠. 우리는 자기 의심과 자기 비난의 순간을 겪으면서도 스스로에게나 다른 사람에게 그것을 인정하는 것은 쉽지 않습니다. '만약 사람들이 알면 어떻게 생각할까?' 이렇게 드러내자니 위험하고, 수치심, 죄책감, 부끄러움이 바로 코앞까지 와 있습니다. 그래서 눈에 띄지 않고 아무도 알아채지 않기를 바랍니다. 다른 사람이 우리의 빨래감을 들춰보기를 원하지 않는 것처럼요.

자기 의심 의자: 생각과 언어

자기 의심 의자에 앉으면 우리는 특정 유형의 언어를 사용하는 경향이 있습니다. 스스로를 비난하는 생각과 표현의 일반적인 예를 들자면 다음과 같습니다. 자세히 관찰해 보면 자기 자신을 탓할 때 '나'와 '너'라는 표현을 모두 사용한다는 점을 알아차릴 수 있을 겁니다.

'나'를 사용한 표현

- 난 저 일을 절대로 할 수 없을 거야.
- 난 그렇게 똑똑하지/유능하지/아름답지/중요하지/날씬하지 않아.
- 이건 다 내 잘못이야.
- 난 그럴 자격이 없어.
- 그 사람은 정말 많은 걸 성취했는데, 그동안 난 뭘 한 거지?
- 왜 나는 내 생각을 말하지 못하는 거야? 난 실패자인가 봐.

- 왜 항상 나한데 이런 일이 생겨?
- 나는 원래 그래, 안 바뀌어.
- 그들은 절대로 나를 선택하지 않을 거야.
- 난 운이 없어.
- 아무도 날 신경 쓰지 않아.

'너'를 사용한 표현 – 그러나 여전히 자기 자신을 언급한다

- 넌 왜 항상 틀리니?
- 네가 뭐라도 되는 줄 알아?
- 넌 정말 쓸모없는 인간이야!
- 넌 결코 선택받지 못할 거야.
- 넌 썩 잘하지 못했어.

자기 의심 의자에서 나타나는 대표적인 행동

자기 의심 의자에 앉으면 우리는 몇 가지 행동을 반복합니다.

- 책임 부인하기
- 침묵하기
- 피해자 행세하기
- 자신을 깎아내리기
- 실패할까 두려워 참여도 줄이기
- 도전 회피하기
- 수동적으로 처신하기
- 징징거리고, 불평하고, 토라지기
- 겸손의 극단을 보여주기

- 변화에 저항하기
- 협업 줄이기

우리는 모두 이런 행동을 경험한 적이 있을 겁니다. 이런 행동은 우리 자신, 가족, 팀, 조직을 책임지는 우리의 능력에 방해가 되죠. 또한 우리가 인생에서 잠재력을 최대한 발휘하려는 순간을 가로막습니다. 그러하니 우리 모두 심호흡을 하고, 더 세심하게 검토해야 합니다.

자기 성찰

잠시 시간을 내어 스스로에게 질문해 보세요:

- 자신을 의심하거나 자책한다는 것을 당신은 얼마나 알아차리고 있습니까?
- 당신은 언제 자신을 가장 의심하나요? 집에서, 직장에서, 여가 시간에, 아니면 과거를 떠올릴 때?
- 자기을 의심할 때 그 대상은 무엇인가요? 당신의 능력, 역할, 외모, 행동?
- 자기 의심 모드에 있을 때 당신은 어떻게 행동합니까? 뒤로 물러나거나, 얼어버리거나, 숨기려고 하거나, 수동적이 되거나, 짜증을 내거나, 관심 받고 싶어 하나요?
- 자기 의심 모드에 있을 때 그 패턴을 알아차릴 수 있습니까?

이번 장에서 저는 자기 의심을 부추기는 근본적 동인 세 가지에 초점을 맞추려고 합니다.

1. 두려움
2. 신념
3. 독이 되는 침묵

이런 동인을 이해하려고 노력하면 자신감이 향상될 겁니다.

두려움

자기 의심 의자에서 우리는 일반적인 두려움을 받아들일 필요가 있습니다. 누구나 살아가면서 두려움을 경험하는데, 그 원인은 무엇일까요?

인생에서 당신이 어떤 일을 하지 못하게 가로막았던 두려움을 하나 떠올려 보세요. 직업을 바꾸거나, 누군가에게 부정적인 피드백을 주거나, 건강하지 못한 관계에서 빠져나오거나, 급여 인상을 요구하거나, 사업을 시작하거나, 휴가를 더 달라고 건의하는 시도를 가로막은 두려움이 있지 않았나요?

인간 행동에는 서로 다른 유형의 두려움이 오십 가지나 된다고 합니다. 페이스북에서 약 17만 명을 대상으로 진행한 설문조사 결과를 보면 우리 모두를 방해하는 가장 큰 두려움은 다음과 같습니다.

1. 실패할지도 모른다는 두려움
2. 충분히 잘하거나 똑똑하지 않다는 두려움
3. 과거의 실수로 자신을 실망시킬지도 모른다는 두려움
4. 타인, 특히 가족, 배우자, 동료를 실망시킬까 봐 드는 두려움
5. 거절당할 수도 있다는 두려움

6. 비난받을까 봐 드는 두려움
7. 성공을 향한 두려움. 성공한 뒤에 그 위치를 잃거나 유지할 수 없을지도 모른다는 두려움
8. 수치심에 대한 두려움, 비난이 내면으로 향하는 유형

이런 모든 두려움은 세 가지 범주로 나뉩니다.

1. 능력 – 나는 부족하다.
2. 호감도 – 사람들이 나를 좋아하지 않는다.
3. 중요성 – 나는 그럴 만한 가치가 없다.

이런 마음 상태를 두려움으로 인식하지 못할 때, 우리는 거듭 익숙함으로 돌아가고 결국에는 자기 파괴로 끝납니다.

두려움 방정식

살면서 감정을 직시하고 두려움에 맞서 책임을 지는 일이 고통스럽거나 버거울 때가 종종 있습니다. 차라리 음식, 술, 일, 마약, 문자 메시지, 인터넷, 음란물 등과 같은 다른 해결책에 의지하는 편이 더 쉽지요. 하지만 그런 방법들은 공백을 메우고 우리를 무감각하게 만듭니다. 그래서 더 건강한 대안이 있어야 합니다!

두려움은 목표를 달성하기 위해 필요한 일을 처리하지 못하게 우리를 마비시키는 감정입니다. 여기서 잠깐 제 이야기를 해볼까요. 저는 제가 작성한 커뮤니케이션 과정의 저작권을 잃었습니다. 그 프로젝트를 담당하는 여성에게 맞서는 일이 두려웠기 때문이죠. 평지풍파를 일으키고 싶

지 않았거든요. 사랑 받고 싶은 마음에, 제 가치가 계약조건에 잘 반영되게끔 협상하지 못했습니다. 그 커뮤니케이션 과정은 큰 성공을 거두었고 유럽 전역에 홍보됐지만, 저는 그 성공이 가져다주는 재정적 이익을 얻지 못했습니다. 그 여성에게 왜 맞서지 못했는지 돌이켜보니, 권위 앞에서 두려웠고 제 자존감이 낮았기 때문이더군요. 지금도 그 이야기를 되풀이할 때면, 여전히 제 행동을 합리화하려는 저 자신을 발견합니다. '내가 할 수 있는 일이 없었어. 그 사람과 그의 남편은 완전 꾼이잖아. 여하튼 그들은 이전에도 누구에게든 저작권을 주기로 동의한 적이 없었다고.' 합리적인 거짓말은 때로 행동하지 않은 우리 자신을 정당화합니다.

이때의 경험으로 저는 교훈을 얻었습니다. 앞으로 나아가라는 신호임을 알았지만, 두려웠습니다. 어디서부터 어떻게 시작해야 할지 몰랐으니까요. 이성은 나 자신을 옹호해야 한다고 말하는데, 권위 앞에 두려운 감정과 '나는 부족하다'는 생각이 저 자신을 작고 순종적으로 처신하게 만들었습니다. 그 두려움을 재구성하는 데 많은 노력이 필요했습니다. 영국 중산층 가정에서 자란 저는 학교에서 자기주장을 내세우거나 협상하는 법을 배운 적이 없었거든요.

제 파트너는 저에게 완벽한 멘토가 되어주었습니다. 팔레스타인에서 나고 자란 그는 협상 능력이 뛰어났죠. 중동과 동아시아 지역을 함께 여행하면서 제게 협상 기술을 가르쳐주었습니다. 가치 개념 전반을 이해하게끔 제 두뇌를 재교육하는 데 도움을 주었어요. 돈의 가치는 물론, 제 개인적인 가치도요. 처음에는 시장 거리에서 작은 도전을 시작했는데,

저의 새로운 행동이 부끄럽고 불편하더군요. 그렇게 몇 번의 시도와 훌륭한 가르침 끝에, 서서히 새로운 근육을 키우기 시작했습니다. 가게 주인들이 저항 신호를 보내면 곧바로 굴복하는 대신, 현지 관습대로 가격을 흥정하고 흔들림 없이 버티며 즐기는 법을 배웠습니다. 중동과 아시아에서 판매하는 관광 상품의 값은 언제나 엄청나게 비쌌고, 현지인들은 가격 흥정을 기대하거든요. 모로코에는 모로코인 가격(낮음), 프랑스인 가격(중간), 기타 국가 사람 가격(높음)이 다 따로 있습니다. 이건 당신이 어느 상점에 들어가든 아주 편리하게 써먹을 수 있는 귀중한 정보예요.

연습을 거듭할수록 저는 공정한 거래를 위한 협상에 능숙해졌습니다. 삶의 많은 기술이 그렇듯, 변화를 일으키려면 의식적인 연습이 필요하죠. 협상을 치를 때마다 자신감과 능력이 쌓였습니다. 매일 내 일의 가치를 지켜내야 하는 기업가의 삶을 살면서 지금도 여전히 도움이 되는 기술을 배운답니다.

가끔 그 사건을 돌이켜 볼 때면 내가 왜 그 사람에게 맞서지 않았을까 하는 생각이 들어요. 지금은 내게 당연한 일이 그때는 저의 선택지에 없었습니다. 실은 그 여성을 두려워했다는 사실을 인정하기가 썩 내키지 않았던 거죠. 두려움을 직시하는 태도가 두려움을 해소하는 중요한 첫 단계입니다.

신경과학이 말하는 공포

오늘날 신경과학은 공포를 일으키는 메커니즘과 두려움의 통제에서 벗어나는 방법을 이해하는 영역에서 큰 진전을 이루었습니다. 뇌과학에 따르면 두려움은 사실 무언가 또는 누군가가 우리에게 신체적, 정신적, 영적, 감정적 해를 끼칠 수 있다는 뿌리 깊은 의심에서 무의식적으로 나온 생물학적 반응입니다.

두려움을 느낄 때 우리가 자동으로 보이는 반응 중 하나는 위험이 현실이건 상상이건 간에 그 위험에서 멀어지는 겁니다. 검은 털로 뒤덮인 큰 거미가 벽에 붙어 있는 모습을 발견하면 많은 사람이 재깍 뒤로 물러나는데, 이런 반응은 생각할 새도 없이 찰나에 일어나거든요.

내적 사고로든 외부 자극으로든 뇌에서 두려움 회로가 활성화되면, 곧바로 편도체에서 작동된 뇌의 감정 반응 메커니즘이 번개처럼 재빨리 전기신호를 보내 뇌의 오른쪽 전전두피질을 활성화합니다. 우리 뇌의 기본 작동방식이 이러한데, 그다음에 벌어지는 일이 매우 흥미롭습니다. 우리 두뇌는 우리에게 일어날 수 있는 모든 잠재적인 부정적 결과(감정적 또는 신체적)를 미래에 투사해서 그 일이 마치 지금 일어나는 듯이 행동하거든요. 우리는 실제 혹은 잠재적 위험에서 벗어나 안전과 편안함을 추구하도록 설계됐기에, 이런 일이 생기면 숨이 가빠지는 경험을 합니다. 심장박동이 빨라질 수도 있고요. 그러고는 어떤 행동을 하거나 앞으로 나아가서는 안 되는 이유를 대며 스스로에게 이성적인 거짓말을 하기 시작합니다.

우리는 실패, 비행, 낙하, 거미 또는 뱀, 대중 연설, 새로운 사람을 만나고 위험을 감수하는 일 등을 앞에 두고 개인적인 두려움을 품기 마련인데, 두려움이 커질 때 용기를 안고 맞서야만 두려움을 관리할 수 있습니다. 이런 두려움은 사실 내재된 보호 메커니즘이라는 점을 떠올릴 필요도 있고요. 두려움의 실체가 무엇인지 알고 나면, 우리는 두려움의 문턱을 낮추고 도전을 향해 앞으로 나아갈 수 있습니다.

자의식에 관한 몇 마디

마지막으로 얼굴을 붉히거나, 수치심을 느끼거나, 부끄러워서 카펫 아래로 사라지고 싶던 순간은 언제였나요? 이런 반응이 우리의 자의식 정서인데, 자기 의심 의자에서는 매우 일반적이죠. 자의식 정서는 복잡하고, 주로 **수치심, 죄책감, 자존심, 당혹감, 질투**의 형태로 나타납니다. 보통 우리가 스스로 내면화한 기준에 부응하지 못한다고 느낄 때 우리 안에서 움트는데, 이런 자의식 정서에서 자기 파괴적인 행동이 시작됩니다. 예를 들어, 부끄러움을 느끼면 우리는 위축되어 방 안으로 숨어들고 힘을 잃지요. 질투심에 사로잡히면, 상상 속 범죄자를 처벌할 전략을 찾고요.

우리가 경험하는 모든 자의식 정서는 우리의 자연스러운 행동에 영향을 미칩니다. 우리에게 익숙한 영역에서 벗어나는 거죠. 그래서 이런 감정의 근본 원인을 차근차근 이해하는 것이 중요합니다. 감정의 작동원리를 더 많이 이해할수록 우리 자신과 타인에게 끼치는 부정적 영향을 줄이는 더 나은 장비를 갖추게 됩니다.

자기 의심 의자에 담긴 핵심 신념

네 발이 쇠사슬에 묶인 3톤짜리 암컷 코끼리가 땅에 박힌 나무 말뚝에서 벗어나려고 애쓰지 않습니다. 왜 그럴까요? 지구상에서 가장 큰 포유동물이기에 쉽사리 나무를 넘어뜨릴 능력이 있는데도 말이죠. 하지만 그렇게 하지 않습니다. 자유로워지려고 노력하지 않습니다. 코끼리의 마음은 아기일 적에 말뚝을 벗어나 멀리 가지 않도록 훈련받은 경험에 묶여 있으니까요. 그 모든 세월이 지난 후에도 여전히 속박에서 벗어날 힘이 없다고 생각하는 거죠. 우리에게도 우리를 인질로 잡고 있는 말뚝과 사슬이 있습니다. 잠시 시간을 내어 다음 질문을 읽고 깊이 생각해 보세요.

- 당신을 방해하는 내면의 비평가를 알고 있나요?
- 특정한 일을 하지 못하게 가로막는 신념이 있습니까?
- 잠재력을 최대한 발휘하지 못하도록 방해하는 어떤 말을 스스로에게 건네고 있나요?

스스로를 제한하는 신념

두려움은 종종 어린 시절의 각인에서 시작됩니다. 그때 우리는 우리 자신을 썩 착하거나 똑똑하지 않다고 여기는 환경에 놓여 있었습니다. 그래서 스스로가 무력감, 당혹감, 부끄러움의 원인이라고 생각하곤 하죠.

나의 케임브리지 시절

스스로를 제한하는 생각이 어떻게 나를 지배했는지 설명하기 위해 제 이야기를 하나 들려주고 싶습니다. 십대 후반부터 이십대 초반까지 저를 지배했던 생각이 있는데, 그것은 바로 '나는 그렇게 똑똑하지 않다!' 였습니다.

영국 케임브리지에서 태어나고 자란 사람은 똑똑해야 했습니다. 그렇지 않으면 그곳에 거주할 자격이 없다고 느꼈습니다! 그게 저의 확고한 생각이었어요. 저는 그 특권에 걸맞게 '총명'해지려고 수년을 보냈답니다. 케임브리지에서 가장 중요한 건 내 두뇌의 능력이었어요. 내 마음, 몸, 영혼은 선택 사항이었고요. 제대로 된 케임브리지 시민이 되려면 뛰어난 두뇌 능력을 발휘해야 했습니다. 그래야만, 오직 그럴 때만, 비로소 진정한 이 도시의 시민이 된다고 믿었습니다.

모든 문제는 고등학교에서 보낸 마지막 2년 동안 시작됐습니다. 그때 제 오빠가 케임브리지대학교에서 합격 통보를 받았거든요. 이제 오빠는 합당한 시민인 거죠! 그때까지 저는 안전한 거리에서 영국의 최고 두뇌를 숭배하는 구경꾼일 뿐이었습니다. 수월했지요.

오빠 친구들의 초대를 받아 대학 내부에 있는 회의실을 자주 드나들기 시작하면서부터 저를 제한하는 신념이 자리를 잡았습니다. 사교 모임에 초대를 받을 때마다 일렁임, 두려움, 자기 의심이 저를 압도했습니다.

금요일에 있을 칵테일 파티를 준비하기 위해 일주일 안에 브리태니커 백과사전의 내용을 어떻게 머릿속에 채울 수 있을까? 이런 끔찍한 공포라니! 전 세계는 아니더라도 영국에서 최고인 두뇌들과 이야기를 나눌 텐데. 세상에! 그들이 내가 전혀 알지 못하는 주제를 꺼내 들면 어떻게 하지? 모든 주제로 똑똑하게 대화를 이어갈 수 있어야 할 텐데. 어떤 주제로든.

게다가 그들이 내가 알아듣지 못하는 거창한 단어를 사용하면 어쩌지? 그냥, 그들에게 무슨 뜻인지 물어보면 되잖아, 이 바보야! (이 목소리는 어디서 들려온 걸까요?) 농담해? 그건 자살행위라고! 그들이 의견을 물어보는데 별

4장 두 번째 의자 - 자기 의심 의자, 고슴도치   109

생각이 없으면 어떻게 하지? 나를 엉터리로 보면? 완전 끝이잖아. 아냐, 잠시 멈추자. 생각을 좀 해봐. 정신 차리고. 나는 전략이 필요해. 지적인 사람들은 누구나 전략이 있다고. 그들이 절대 알아내서는 안 돼. 뭐를 말이야?(또 그 성가신 목소리가 들립니다. 방해하지 말아줄래? 똑똑해지는 연습을 하려고 노력 중이야!)

음… 난 전략이 필요해… 난 언제고 그들에게 질문할 수 있어. 그래, 효과가 있을 거야. 내게 관심을 두지 못하도록 그들 자신에게로 화제를 돌리자. 좋았어!

그런데 전략 하나로는 부족해. 이 사람들은 엄청 똑똑하다고. 금방 알아챌 거야. 그러니 레퍼토리가 필요해. 나는 주제를 바꿀 수 있어. 물론 티나지 않게. 흥미로운 잡지에서 내가 읽은 내용을 읊어 보자. 그렇게 내가 좋아하는 주제로 끌어들이는 거야. 그래, 나는 이 모든 걸 미리 준비할 수 있어. 이제 좀 자신감이 생기는군. 잠깐… 저녁 내내 그럴 순 없잖아. 상황이 곤란해지는 걸 대비해서 출구전략이 필요하겠어. 대화가 점점 어려워지면 화장실에 갈 수도 있을 거야. 그러다 화장실에서 저녁 내내 시간을 보내게 되면 어쩌지? 좋은 생각이 아니야. 그냥 집에서 개하고 이야기나 나눠야겠어. 거기엔 경쟁자가 없으니까!

당신도 이런 종류의 내면 수다를 알아채시나요? 저의 조건화된 신념은 이렇게 뿌리 깊이 박혀 있었습니다. 저는 스스로에게 말하곤 했죠. 우리는 '성취를 기대하며' 경쟁하는 세상에 살고 있기에 그렇게 하지 않으면 패배자가 될 거라고요.(이건 당시 제게 없던 선택사항이었습니다.) 그러면 나 자신은 물론이거니와 가족도 실망시키게 되겠죠.(이 역시 선택지에 없었습니다!) 저는 제 가치가 고유한 내적 자질보다 외적 성공에서 나온다고 믿었습니다.

이런 이야기에 갇히면, 외부 기대에 부응하려고 끊임없이 노력하느라 삶은 전투가 됩니다. 게다가 그렇게 했는데도 실패하면, 우리는 스스로 불안과 고통을 떠안게 되죠. 이런 상황은 자신(과 타인)에게 무리한 요구를 하고, 성공하지 못하면 자신(과 타인)을 매우 비판적으로 몰아붙이는 우등생과 완벽주의자에게 매우 일반적입니다.

우리는 누구나 인생에서 최대한 잠재력을 발휘하지 못하도록 스스로를 제한하는 신념이 있습니다. 이렇게 굳어진 신념을 잘 다루지 않으면, 우리의 성장과 번영을 심각하게 가로막을 수 있습니다.

신념 검토하기

언젠가 친애하는 카운슬러인 제 친구가 "루이스, 너 정말 현실 세계에 살고 있는 거니?"라고 묻더군요. 그때는 그 질문의 의미를 이해하지 못해서 어떻게 대답해야 좋을지 몰랐습니다. "응, 그런 것 같은데"라면서 어설프게 말을 더듬었죠. 그러다 친구와 대화를 이어가면서 깨달았어요. 저는 그 대화를 결코 잊을 수가 없습니다.

제가 "응, 그런 것 같은데"라고 대꾸하자, 친구는 화제를 바꾸더니 곧 결혼할 거라고 얘기하더군요. 그야말로 제게는 진짜 '뉴스'였습니다! 그때껏 친구가 결혼을 언급한 적이 없었거든요. 친구는 결혼과 관련해 제가 품고 있던 근본 신념을 드러내게 하려고 의도적으로 저를 자극했던 겁니다. 친구의 소식을 들으면 저의 무의식적인 생각, 감정, 반응이 친구에게 드러날 테니까요. "정말 환상적인데! 축하해." 저는 본능적으로 이렇게 대답했습니다. 친구는 이런 제 반응이 만족스럽지 않았던 모양입니다. 제 처음 반응을 넘어 더 깊게 파고들길 원했죠. 저는 이어서 제 안에 떠오른 것에 사로잡혔습니다. 다음 내면의 목소리가 드러났죠.

> '나랑 보내는 시간이 줄어들겠네. 우리 여자들끼리 만나는 저녁 모임은 이제 어떻게 되는 거지? 난 그 시간이 정말 그리울 것 같아.'
> '그럼 이제 우리가 함께하는 휴가는 끝이구나!'
> '친구가 자신과 잘 맞는 남자와 결혼하는 건지 확신이 서질 않아. 위험부담이 큰데!'
> '이제 그 남자를 우리 친구관계에 끼워 넣는 데 익숙해져야겠어.'
> '결혼은 아마 친구에게 좋은 일일 거야.'

이렇게 그 즉시 생겨난 평가에는 의식적으로든 무의식적으로든 결혼을 대하는 저의 개인적인 신념이 직접적으로 반영됐습니다. 그 신념은 제가 살아오면서 긴 시간에 걸쳐 형성됐는데, 결혼은 모든 것을 소모시키고 우정을 위태롭게 만든다는 생각, 결혼 상대자가 자신에게 '적합한 사람인지' 확신할 수 없기에 결혼은 위험하다는 판단, 결혼은 희생을 의미하고 개인의 자유를 제한한다는 믿음, 그럼에도 결혼은 우리에게 유익한 제도라는 확신! 이 모든 신념은 대체 어디서 온 걸까요? 우리의 신념은 대부분 두 가지 기본 방식으로 형성됩니다.

• 우리는 부모와 신뢰할 수 있는 보호자들을 **본보기**로 삼아 그들에게 배웁니다. 제가 자랄 때 부모님은 많이 다투셨는데, 그런 행동이 연애관계에서 정상적인 모습이라고 저는 생각했습니다. 부모님이 제 롤모델이었기에, 저는 연애를 시작하면 곧바로 똑같이 행동하곤 했죠. 제 말다툼 기술에 대적할 만한 사람을 찾으려고 많은 관계를 탐진했답니다. 그러니 예상대로 관계가 끝나면, 원인은 늘 상대방에게 있는 거였죠. 결국 저는 '커플이라면 싸우는 것이 정상'이라고 믿었고, 부모님이 아직 함께 계시니 그 믿음은 사실일 수밖에 없었습니다. 저는 제가 믿는 대로 살았어요. 이런 확신은 문제가 많으며 제게 하나도 도움이 되지 않는다는 사실을 깨닫기까지 숱한 관계의 파탄, 많은 상심과 실망이 필요했습니다. 제 부모님은 칠십 년 가까이 함께해 오셨는데, 거기에는 그분들만의 특별한 마법이 있더군요. 그분들에게 효과가 있다고 해서 반드시 제게도 적용되는 건 아니지만요. 그분들이 사랑하기를 멈춘 적이 없으니, 저도 자연스럽게 갈등이 성공적인 애정관계의 일부라고 결론지었던 겁니다. 사실 이 모든 과정을 풀어내고, 더 새롭고 건강한 신념, 즉 '행복해지기 위해 관계 안에서 꼭 싸울 필요는 없다'는 생각을 구축하는 데 숱한 자기성찰과 사랑스러운 존재인 제 파트너가 필요했습니다. 삶에서 우리가 확인하지 않은 신념이 얼마나 많을까요?

• 신념은 **교육으로** 길러집니다. 1960년대에 영국에서 자라면서 저는 '아이들은 그저 얌전해야 한다.'라고 배웠습니다. 제가 지금 살고

있는 이탈리아에서는 아이들이 그 반대되는 믿음 속에서 자랍니다. 아이들은 보이고, 들리고, 존중받아야 하는 존재입니다. 제가 다른 사람을 방해할지도 모른다는 두려움 없이 큰 소리로 말하는 법을 배우고, 제 목소리를 찾는 데 상당한 시간이 걸린 이유 중 하나가 제가 받은 교육 때문은 아닐까요? 우리가 간직한 근본적 믿음은 대부분 우리가 어린 시절에 지녔던 제한된 인식, 추론, 경험에서 출발합니다. 우리는 그런 믿음을 수년 동안 유지할 수도 있습니다. 우리 안에 단단히 뿌리내리니까요. 그래서 때로 우리가 알아차리지도 못하는 새 끊임없이 우리를 자극하는 방아쇠(트리거)가 되어 우리 행동에 계속 영향을 미칩니다.

도움이 되지 않는 신념은 어떻게 할까요?

우리는 자신의 생각을 의식하고, 인정하고, 질문하고, 그런 다음 놓아주어야 합니다. 그 첫 단계가 의식하는 겁니다. 의식하지 못하면 우리는 아무것도 바꿀 수 없습니다. 우리의 제한적 신념이 우리 자신의 의식적이거나 무의식적인 자기 의심과, 나는 그렇게 착하지 않다거나, 충분히 똑똑하지 않다거나, 호감이나 사랑을 받기엔 부족하다는 두려움의 영향이라는 점을 이해할 필요가 있습니다. 이 때문에 우리 안에 무거운 불확실성이 생기는 거죠.

우리는 우리를 꼼짝 못 하게 만드는 패턴을 알아차리고 우리가 두려워하는 대상들과 그 패턴의 연관성을 조사한 다음, 우리가 거기에 덧입히는 의미를 재구성해서 두려움을 놓아줄 필요가 있습니다. 두려움을 느끼고, 사연을 들여다보고, 그럼에도 불구하고 행동하는 거죠. 어떤 상황과 마주쳤을 때 부정적인 감정 반응을 보이는구나 하고 알아차렸다면, 우리가 그런 상황을 어떻게 생각하는지 점검해 볼 필요가 있습니다.

우리는 종종 상황에 과잉 반응하고, 이유도 모르는 채 화를 내기도 합니다. 우리의 여자친구나 남자친구가 데이트에 늦어서 우리가 지나치게 흥분하여 반응했다고 가정해 보죠. 어쩌면 우리는 지각 그 자체가 아니라 존중받지 못한다는 자기 믿음에 반응한 것일 수 있습니다. 이런 평가는 종종 저절로 일어나며, 우리 안에 더 깊숙이 깃든 신념에서 나옵니다. 이를 해결하는 비법은 잠시 멈추고 상황에 개입해서 스스로에게 이렇게 질문하는 겁니다.

'이 상황은 내게 무엇을 의미할까?'
'이 상황과 이 사람에 대해 나는 나에게 뭐라고 말하고 있나?'
'이 상황을 다르게 설명할 수는 없을까?'

이렇게 하면 우리가 현실적으로 행동하는지, 아니면 과잉 반응하는지 확인할 수 있습니다. 만일 우리가 비현실적으로 처신한다는 생각이 들면 상황을 다른 의미로 해석할 수도 있습니다. 회사에 문제가 생겼다든지, 교통이 꽉 막혔다든지, 주의가 산만하거나 스트레스를 받아서 시간 가는 줄도 몰랐다든지 해서 늦었을 수도 있죠.

상황을 다르게 설명해 보면 같은 상황을 더 넓은 시야로 바라볼 수 있습니다. 다른 가능성으로 마음을 돌리면 상황에 대처하는 감정의 강도를 줄이는 데 곧바로 영향을 미치거든요. 생각을 재구성하는 것은 우리의 신념을 재정비하는 데 도움이 됩니다.

사람들을 괴롭히는 것은 벌이진 일 자체가 아니라 그에 대한 그들의 견해이다.

• 에픽테토스(50년경~135년경)

독이 되는 침묵－침묵의 목소리

자기 의심 의자에서 일반적으로 나타나는 또 다른 행동은 침묵입니다. 그래서 직장 생활과 일상에서 우리가 시도할 수 있는 가장 큰 도전은 우리의 목소리를 찾고 우리의 진실을 말하는 겁니다.

자신의 목소리를 내는 것이 낫다는 것을 알면서도 우리는 얼마나 자주 침묵하나요? 또 얼마나 자주 제 역할을 미루고 침묵하며 자체 검열을 하는지요? 무언가를 말하고 싶었지만 어떤 이유로든 할 수 없다고 느끼고, 말하지 않기로 결정한 적은 마지막으로 언제입니까? 직장에서 개선할 수 있는 부분을 찾아냈지만, 그 내용을 공유하자니 마음이 불편했던 적은 몇 번이나 있나요? 표현하지 못한 생각은 어떻게 될까요?

회사에서 표현하지 않는 태도가 회사에 가장 큰 피해를 주는 행동입니다. '말로 밝히지 않고 남겨진 생각'은 일반적으로 사고와 실수, 약속을 지키지 않는 사람들, 의사소통의 어려움 그리고 협력이 줄어드는 분위기를 불러옵니다. 그러면 어떤 회사에서건 모두 추가 비용으로 작용하죠.

이 주제를 위해 광범위한 연구가 진행됐습니다. 갤럽에서 직장인 천 명을 대상으로 실시한 설문조사에 따르면, 직장인 85퍼센트는 자신이 우려하는 점을 말할 수 없다고 느끼고, 70퍼센트는 우려를 제기하길 주저하며, 42퍼센트는 직장에서 일상적인 문제와 관련된 정보를 숨긴다고 합니다.

같은 설문조사에 따르면, 직장인들이 직장에서 목격한 안전하지 않은 행동과 상황 다섯 가지 중 두 가지 정도에만 직접 개입한다는 사실이 드러났습니다. 이런 행동의 대단히 중대한 사례가 병원에서 벌어졌습니다. 의사가 환자의 성한 다리를 환부로 착각해서 절단하는 등의 심각한 실수를 저지르려고 할 때, 간호사가 다른 사람들 앞에서 지적받고 망신을 당할까 두려워 의사에게 이의를 제기하지 않았거든요. 백의의 권위가 타격을 입고 만 사례입니다.

무엇이 목소리를 내지 못하도록 우리를 가로막을까요?
생각할 거리:

- 지난 세월을 돌이켜 보고, 말하지 않았을 때 큰 손실을 겪었던 사례를 찾아 보세요.
- 자신의 성격과 태도에 비추어봤을 때 문제가 되는 상황에서 주로 침묵하나요, 아니면 목소리를 내는 편인가요?
- 어릴 적에 '아이들은 어른 말을 듣기만 하고 의견은 내세우지 말아야 한다'[4]라는 신념을 따르라는 가르침을 받았나요?
- 당신은 '말을 하고 바보가 되느니 침묵하고 바보 취급받는 편이 낫다'는 옛말을 믿나요?

---

4 '아이들은 조용히 어른 말을 경청하고(보이기만 하고) 자신의 의견을 밝히거나 대들면 안 된다(들리면 안 된다)'라는 표현에서 가져온 문장이다. 15세기 무렵부터 등장한 옛말인데, 아이들을 하나의 인격체로 존중하지 않는 태도를 가리킨다.

- 당신은 얼마나 자주 이렇게 생각하며 당신의 침묵을 정당화했습니까?

  '그 사람 인생이야. 스스로 결정하게 놔둬.'

  '그 사람도 스스로 결정할 수 있는 나이야.'

  '난 그 사람 엄마가 아닌걸!'

  '그건 내가 상관할 일이 아니지.'

  '그 사람은 본인이 하는 일의 결과를 알아.'

우리는 왜 이렇게 자주 우리 마음을 꺼내놓지 않기로 선택할까요?

우리가 침묵하는 데는 잘 알려진 두 가지 원인이 있습니다.

1. 우리의 오랜 친구인 두려움
2. 자포자기

1. 두려움: 두려움과 침묵의 왈츠

두려움은 생각을 표현하지 못하게 가로막는 큰 동력입니다. 수년간 프로그램 참가자들과 함께 꾸준히 이 문제를 다뤄본 결과, 저는 직장에서 우리가 목소리를 내지 못하도록 만드는 가장 중요한 동력인 두려움을 토대로 형성된 역학관계 중 일부를 확인할 수 있었습니다.

여기에는 자기 보존, 계층구조, 적개심, 거절당할 위험, 내부 고발, 어린 시절의 경험, 직장 문화가 포함됩니다. 저는 이런 역학관계를 우리가 좀 더 깊이 인식하면 그 영향력을 줄이는 데 도움이 되리라 기대하며, 각각의 역학관계를 한 단락씩 설명하고자 합니다.

자기 보존

모든 업무관계에는 불평등과 취약성을 자아내는 힘의 역학이 작용합니다. 누군가 우리에게 성과를 내라고 돈을 주죠. 그런 상황에서 부당한 일에 목소리를 낸들 무슨 이익이 있겠습니까? 구태여 우리를 먹여 살리는 손을 물어뜯고 싶지는 않을 겁니다.

조직의 효율성을 향상시킬 수도 있는데 아이디어를 공유하지 못하도록 만드는 원인은 뭘까요? 우리 안에 있는 타고난 보호 본능이 우리에게 신중하라고 말을 건넵니다. 우리 서비스를 놓고 고객이 진짜로 뭐라고 얘기하는지 책임자에게 보고하면 제 경력은 당장 내일로 끝날지 모릅니다. 나쁜 소식을 전달하느니 차라리 침묵을 지키는 편이 낫습니다. 우리는 스스로를 보호하고 갈등을 피하기 위한 수단으로 침묵을 사용하는데, 이는 휘말리거나 위험을 떠안지 않으려고 늘어놓는 변명입니다.

계층구조

고위 임원이 참석한 회의에서 젊은 관리자가 상사에게 변화를 위한 전략을 추천하거나 제안한다고 상상해 보세요. 불편한 분위기가 감돌까요? 고위 임원들은 어떻게 반응할까요? 내 상사는 기발하고 새로운 아이디어를 가져오는 부하 직원인 나를 책망할 것 같은가요? 아니면 무안해하거나 위험을 느낄까요? 만약 그렇다면 상사의 노여움은 내게 어떤 영향을 미칠까요? 상사의 리더십이 명령하고 통제하는 유형이라면 대답은 명백합니다. 조용히 입을 다무는 것이 최선이죠.

적개심

과거에는 제안을 하면 권위 있는 사람들이 진정코 적대적인 태도를 보였기에 때로 우리는 목소리 내기를 두려워했습니다. 직장에는 화를 내고, 거칠고, 폭력적인 언행을 일삼는 불량배들이 많은 편이죠. 목소리를 내면 '안전'하지 않다고 느낄 때 현 상황은 변함없이 유지됩니다. 괴롭힘이 없는 문화에서 일하고 있다는 확신이 들어야 우리는 말할 수 있는 자유를 누리니까요. 안전감을 위해 신뢰는 필수입니다.

거절당할 위험

거절당하거나 고립될까 두려운 마음은 침묵을 강요하는 또 다른 강력한 동인입니다. 내가 솔직하게 말하면 어떻게 될까요? 동료들은 내가 자신들의 안전을 위협한다고 여기지 않을까요? 동료들이 실망하거나 상처를 받으면 어떡하죠? 그래서 그들이 나를 이전과 다르게 대하거나 심지어 바보로 취급한다면요? 동료들이 나와 거리를 두진 않을까요? 그렇게 되면 매우 처참할 겁니다. '미움을 받'거나 '인기가 없을'까 봐 두려운 심정은 우리와 같은 사회적 존재에게는 무척 거북한 현실이죠. 만약 사람들이 우리를 피하거나 소외시키기 시작한다면 그건 사회적 자살을 불러올지도 모릅니다! 그 결과는 가장 회복력이 뛰어난 사람이라도 견디기 어려울 만큼 고통스럽고요. 그러니 조용히 침묵하는 것이 최선입니다.

내부 고발

많은 조직에서 이런 암묵적인 메시지가 떠돕니다. '경영진을 거스르고 배를 흔들면 끝장이야. 그러니 시키는 대로 아무 소리 내지 말고 목표를 달성해.' 경력깨나 신경 쓰는 사람들은 종종 나쁜 소식을 묻어버리고 싶어 합니다. 명백히 불법이거나 부정직하거나 부정확한 정보 또는 활동을 폭로하려면 용기와 진실성이 필요합니다.

사람들은 흔히 문제를 보고하지 않는 쪽을 선호합니다. 아니면 보고하려고 마음을 먹더라도 일자리가 위태로워질까 두려워 일찌감치 포기하죠. 도덕적 양심에 따라 행동하겠다고 법적 조치, 형사 고발, 사회적 낙인, 직위를 잃거나 직장에서 해고될 위험을 감수하겠습니까? 투명성이 조직 안에 잘 스며들어 보호받지 못한다면 개인이 감당해야 할 위험부담은 크고, 얻을 수 있는 열매는 적습니다.

어린 시절 경험

우리는 일터에 나올 때 우리 '가족'과 본인의 일대기를 장착하고 옵니다. 어린 시절의 경험과 그때 형성된 신념은 우리 안에 뿌리깊이 박혀 있기에, 우리는 성인이 될 때까지 그것을 마음에 품고 삽니다. 우리가 어릴 적에 매우 활기차고, 모험심이 강하며, 심지어 살짝 파괴적이거나 반항적이었다면 어땠을까요? 게다가 우리가 하는 행동을 양육자나 교사가 허용하지 않았다면요? 이런 경험을 거듭하다 보면 '내가 하는 말은 중요하지 않아' '내 의견은 소용없어'와 같은 식으로 자기 패배적이고 자기 파괴적인 체념이 쌓입니다. 그래서 회의를 할 때면 '착한 아이'가 되어 조용히 나서지 않는 행동을 반복하죠. 우리는 자신의 목소리를 믿지 못하고, 다른 사람의 의견을 좇아가거나 수용과 승인을 얻기 위해 '전문가'의 뜻에 따릅니다. 그리고 끊임없이 자신의 '부적절함'을 감추기 위한 전략을 찾아 헤맵니다.

직장 문화

직장 문화는 직원들이 침묵을 지키는 데 중요한 역할을 합니다. 조직에 스며든 문화 규범의 특징이 강력한 감독 통제, 모호한 보고체계, 갈등

억제, 부실한 성과 평가, 극도의 공손함이라면, 직원들은 지나치게 관심을 끌거나 평지풍파를 일으킬까 싶어, 말하고자 하는 마음을 억누를 겁니다. 많은 조직에서 조용히 복종하는 태도야말로 일자리를 유지하거나 경력을 쌓아가는 최선의 방법이라고 언어적, 비언어적인 메시지를 보냅니다. 목소리를 높인들 언제나 용감하고 칭찬할 만한 행동으로 받아들여지는 것은 아니거든요. 직장을 위하는 차원에서 공개적으로 우려를 표현한 많은 사람이 차후에 소외되곤 했죠.

2. 자포자기

목소리를 내지 않는 두 번째이자 더 큰 이유는 자포자기입니다. 말하자면 내가 나서 봐야 달라지는 건 없다고 생각할 때 드는 느낌입니다. 이런 종류의 절망이 반영된 참가자들의 의견을 몇 가지 소개하겠습니다.

> '내가 피드백을 해봐야 구현되지 않을 텐데 무슨 소용이람. 어쨌거나 달라지는 건 하나도 없을 거야.'
> '아무도 우리 말을 진심으로 듣지 않아. 힘겨운 싸움이 될 거야. 결국 넌 그냥 포기하겠지. 무슨 의미가 있겠어?'
> '그들은 우리가 하는 말에 별 관심이 없으니 나도 흥미가 없어.'

사람들이 목소리를 내봐야 쓸데없다고 느끼는 또 다른 이유는 상사를 보아 하니 직원들을 지원할 힘이나 영향력이 부족하다든지, 위험을 회피한다든지, 필요한 변화를 불러오기 위해 직원들을 옹호해줄 만한 성격이 못 된다고 믿기 때문입니다. 자신의 의견이 반영되지 못하겠거니 생각하는 거죠. 또 다른 경우에는 이런 절망감이 상사가 현 상황에 만족해서 별다른 이의가 없거나, 상사 본인도 어쩔 줄 모르는 처지라 개선을 위한 제안을 듣고 싶어 하지 않는 데서 나옵니다. 만약 관리자가 실제 문제는 해결하지 못한 채 미봉책만 찾는다면 어떨까요? 사람들은 해결은커녕 실제 문제가 다뤄질 거라는 기대감을 잃고 침묵을 지킬 겁니다. 그러면 조직에 더 많은 문제가 발생하고 문제 뒤에 가려진 문제는 결코 해결되지 않겠죠.

> 질문하는 사람은 5분 동안 바보가 되지만,
> 질문하지 않는 사람은 영원히 바보가 된다.
> • 중국 속담

그렇다면 당신 마음을 표현하지 않을 때 치르는 개인적 대가는 무엇이며, 당신이 목소리를 낼 때 떠안는 개인적인 위험부담은 무엇인가요?

침묵의 대가

우리가 목소리를 높여 스스로 생각을 표현하지 않으면 무슨 일이 벌어질까요? 표현하지 않은 생각은 어디로 갈까요? 대개는 표면 아래에서 들끓다가, 나중에 곪아터지고 폭발합니다.

열린 사무실 공간에서 옆자리 동료의 어떤 행동에 내가 자꾸 짜증이 난다고 가정해 보세요. 우리는 어떻게 해야 할까요? 우리가 침묵을 지키면 수동적인 공격 행동에 빠질 수 있습니다. 냉담하거나 무뚝뚝하게 동료를 대한다든지 다른 동료에게 불평하는 식으로 남몰래 처벌하는 거죠. 이렇게 한다고 문제가 해결될까요?

우리가 목소리를 높여야 하는 일곱 가지 타당한 이유

1. 우리가 침묵하면 우리의 존재감을 지웁니다.
2. 우리가 침묵하면 적극적인 승인으로 읽힐 수 있습니다. 우리가 반대하고 목소리를 내지 않으면 사람들은 우리가 견해를 밝히지 않았다고 비난하며 불신할 수 있습니다.
3. 편안해지려는 우리의 욕구가 다른 사람들의 더 큰 이익에 대한 우리의 기여를 어렵게 만들기도 합니다. 우리가 도우려는 바로 그 사람들에게 해를 끼칠는지도 모르죠.
4. 적극적으로 목소리를 내는 태도는 그 자체로 우리가 거기에 전념하고 있다는 증거입니다. 그래서 우리의 가치를 무대 중심으로 옮겨오죠.
5. 우리에게는 모두 독특한 관점이 있습니다. 사람들이 우리 마음을 읽을 때까지 기다리면 우리는 결국,
   • 할 수 있는 시간이나 역량이 없는 작업을 수락하게 되거나
   • 원하지 않는 프로젝트에 끌려가거나
   • 바라는 승진에서 누락될 수도 있습니다.
6. 우리의 목소리는 다른 사람들을 앞으로 나오게 이끄는 용기 있는 목소리가 될 수 있습니다. 이런 행동이 바로 리더십이며, 그렇게 인식될 겁니다.
7. 인기 없는 목소리가 종종 판을 뒤바꿀 수 있습니다. 에이브러햄 링컨(Abraham Lincoln), 마틴 루터 킹 주니어(Martin Luther King Jr.), 윈스턴 처칠(Winston Churchill), 테레사 수녀(Mother Teresa)를 떠올려 보세요.

개인적 위험

문제를 제기할 때 우리는 개인 차원에서 어떤 위험부담을 감수하게 될까요? 저항에 직면할 수 있습니다.(에이브러햄 링컨, 마틴 루터 킹 주니어, 윈스턴 처칠, 테레사 수녀를 다시금 생각해 보세요.) 다른 사람들에게 '골칫거리'라는 평가를 받고 낙인이 찍힐 수 있으며, 소외되거나 외면당할 수 있습니다. 따돌림이나 보복처럼 바람직하지 않은 결과를 불러올 수 있고, 내몰릴 수도 있습니다. 우리가 지휘와 통제형 조직에 속해 있다면 더욱이 그렇습니다.

탄잔과 에키도

말을 하지 않는 태도의 파괴적 특성을 보여주는 훌륭한 선종(禪宗) 이야기가 있습니다.

> 탄잔과 에키도는 함께 순례를 하고 있었습니다. 비가 많이 와서 거리는 온통 진흙투성이였습니다. 모퉁이에 가까워졌을 때 두 승려는 길가에서 비단 기모노를 입은 아름답고 젊은 아가씨를 보았습니다. 아가씨는 건널 수 없는 길을 쓸쓸히 바라보며 그곳에 서 있었습니다. 승려인 탄잔은 망설임 없이 어린 소녀를 팔에 안고 진흙탕을 가로질러 가서 길 건너편에 내려놓았습니다.
>
> 동료 승려인 에키도는 그 광경을 말없이 바라보았고, 여행은 계속됐습니다. 밤이 되어 하룻밤 묵을 숙소에 도착했을 때, 에키도는 더는 참지 못하고 질책을 퍼부었습니다. "탄잔! 어떻게 그럴 수 있지? 우리는 순결을 맹세한 승려야. 여성, 특히 아름다운 젊은 여성 근처에는 가지 않는다고. 우리 승려들에게는 매우 위험한 짓이니까. 그런데 도대체 왜 그런 거야?"

"이봐, 친구!" 탄잔이 대답했습니다. "나는 그 소녀를 몇 시간 전에 내려
놓았는데, 넌 아직도 안고 있는 거니?"

우려를 나타내기보다는 아이디어, 문제, 개념에 대해 반추하거나 집착
하느라 우리는 얼마나 많은 시간을 낭비하나요? 그러다 보니, 에키도처
럼 이런 생각에 정신이 팔려 현재 우리가 하는 일에 더는 주의를 기울이
지 못하게 됩니다. 실시간으로 효율성을 잃는 거죠.

조직에서 침묵했을 때 치르는 대가는 무엇일까요?

사람들이 정보, 의견, 아이디어, 관심사를 숨기면 리더는 조직을 개선하
는 데 필요한 정보를 얻을 수 없습니다. 침묵은 혁신과 변화에 필수인
창의성 자체를 차단합니다. 생산성을 떨어뜨리고 조직의 경쟁우위에 직
접적인 영향을 미칩니다. 조직이 공손하게 대립을 회피하는 자세에 지
나치게 높은 가치를 매기면, 열린 피드백 문화가 정착할 수 없고 조직의
전문성이 성장하는 데 걸림돌이 될 겁니다. 말하지 못한 생각은 회사의
지성과 청렴성에 흠집을 냅니다.

여기서 리더십이 근본적인 역할을 하는데, 문화가 '안전'하다고 느껴질
때에만 사람들은 더 많이 개방하려고 용기를 낼 겁니다. 사람들이 처벌
을 두려워하지 않고 실수할 수 있을 때에만 더 많은 위험부담을 감수하
기 마련입니다. 신뢰는 두려움을 없애는 해독제입니다. 이런 신뢰를 형
성하는 건 리더의 역할이고 이를 보호하는 건 모든 개인의 몫이죠.

목소리를 높이는 일이 중요할 때는 언제일까요?

- 당신이 중요하게 생각하는 대상과 관련된 일일 때
- 브레인스토밍 회의 중 당신이 끼어들지 않는다면 동료들은 당신을 반사회적이거나 냉담하거나 아이디어가 없는 사람으로 잘못 인식할 수 있습니다.
- 과제가 명확하지 않을 때 머뭇거리지 말고 설명해달라고 요청하세요. 그러지 않으면 무능해 보일 수 있습니다.
- 몸 상태가 불편할 때 편두통, 요통, 기타 통증을 겪고 있다면 상사에게 알리고, 동료들도 똑같은 상황에서 그렇게 할 수 있도록 도와주세요. 만약 당신에게 휴식이 필요하다는 이유로 스스로를 나약하다거나 약골이라고 판단한다면, 결국 상태가 악화되어 당신 성과에 지장을 주게 됩니다.
- 가십과 소문이 피해를 줄 때 해롭지 않은 가십이라면 쉽게 무시하고 일에 몰두할 수 있겠죠. 그러나 누군가와 관련해서 사실이 아닌 심각한 소문을 듣게 된다면 그 당사자와 상황의 진실함을 지켜주기 위해 침묵을 깨는 것이 바람직합니다.
- 당신이 괴롭힘을 당할 때 정서적이든 인종적이든 신체적이든 성적이든 뭐든 간에 괴롭힘은 업무에 지장을 주고 우리에게 크나큰 심리적 타격을 입힙니다. 괴롭히는 사람에게 목소리를 내고 행동의 경계를 확고하게 설정할 필요가 있습니다. 그러지 않으면 상황이 악화할 뿐이니까요.

침묵해야 할 때는 언제일까요?

말을 하지 않을 때보다 목소리를 내고 얻는 이점이 더 크지만, 침묵하는 것이 현명할 때도 있습니다. 우리가 감정에 사로잡혀 명확하고 이성적으로 생각하는 능력이 심각하게 둔해질 때 그렇습니다. 이런 상태에서는 종종 수동적인 공격 행동이 나타나고, 관계를 훼손할 가능성이 높아집니다. 그럴수록 목소리를 내기 전에 정서적 안정을 되찾아야 합니다.

결론: 자기 의심 의자

우리는 모두 개인적인 성장에 따라 각기 다른 인식 수준에서 행동합니다. 하지만 공통점이 한 가지 있습니다. 매 순간 최선을 다한다는 점 말입니다. 때로는 지금 당장 최선을 다한다 해도 충분하지 않을 수 있지만, 자책은 해봐야 도움이 되지 않습니다. 우리는 완벽하지 않으니까요. 배우고 발전하기 위해 우리가 이 지구에 있는 거죠. 이는 과정입니다. 내가 스스로를 존중하지 않으면, 다른 사람이 나를 그렇게 생각해주리라 기대할 수도 없습니다.

자기 파괴적인 행동을 관찰하는 법을 배우고, 다음엔 더 잘하려고 노력해볼 수 있을까요? 자책하지 않고 말입니다. 그저 자신을 연민하고 배우는 태도에 유연해질 수 있을까요? 다른 사람의 승인을 기다리지 않고 자신을 받아들이는 법도 배울 수 있을까요? 다른 사람들과 비교하려 애쓰지 않고 자신만의 독특함을 즐길 준비가 되었을까요?

> 누구도 당신 동의 없이는 당신이 열등감을 느끼게 만들 수 없습니다.
> • 엘리너 루스벨트

개인적으로 "이건 못 하겠어! 난 그렇게 유능하지 않아." 하고 부정적인 혼잣말을 중얼거릴 때마다 미소 지으며 제 고슴도치 목소리를 위로합니다. 그리고 이렇게 질문을 바꾸죠. '이걸 해내려면 필요한 게 뭘까?' 내가 스스로를 가치 있고 유능한 사람이라고 생각하면, 마음먹은 일은 뭐든 거뜬히 처리할 수 있고 자신감도 커질 겁니다. 궁극에는 우리가 자신을 어떻게 바라보는지가 다른 사람들이 우리를 어떻게 평가하는지보다 훨씬 더 중요합니다.

자기 의심 의자는 우리 삶에 걸림돌이 되는 제한적인 신념과 두려움을 인식하는 자리로 우리를 초대합니다. 우리가 그것이 '되기'보다는 '보기' 시작할 때 우리는 그런 감정과 친구가 되고, 놓아줄 수 있습니다. 그래야만 비로소 우리는 우리가 목표한 사람이 될 수 있고, 우리가 여기에서 해야 할 일을 할 수 있으며, 우리 삶에 고유한 기여를 할 수 있습니다.

5장

세 번째 의자 – 기다림 의자, 미어캣

기다림 의자는 아주 중요한 공간입니다. 우리는 다섯 개의 의자를 만나
러 떠나는 여정에서 양 극단에 있는 공격 의자와 연결 의자 사이 중간
지점에 와 있습니다. 이 의자에 앉아서 우리는 반응하기 전에 기다립니
다. 충동적으로 행동하거나 목소리를 내고 싶은 욕구를 조절하죠. 천 분
의 일 초라도 멈추고 생각합니다.

기다림 의자는 기본적으로 조용한 곳입니다. 떠들썩한 마음이 잠잠해지
니까요. 말이 잦아들고 무념무상에 이르죠. 비로소 주의 깊게 관찰하고
차분히 경청하며, 넘치는 호기심에 사로잡힙니다. 이 의자는 우리를 자
극하는 세계와, 그 세계를 둘러싸고 우리가 선택한 반응 사이에 놓인 공
간입니다. 마음을 관리하고 올바른 행동으로 우리를 인도하는 장소이기
도 하고요.

이 의자에 대한 은유로서 맞춤한 동물은 미어캣입니다. 혹시 이 놀라운
설치류를 잘 모르신다면 인터넷으로 검색해서 찾아보세요. 그 경이로운
관찰력, 고요함, 집중력에 감탄하게 될 겁니다. 저는 뛰어난 경계행동

때문에 미어캣을 선택했습니다. 미어캣은 한시도 경계심을 늦추지 않고 한 번에 최대 한 시간 동안 보초 임무를 수행하거든요. 그런 자세가 바로 우리 마음을 위해 우리가 해야 할 일입니다. 보초를 서세요. 우리를 쉽사리 불안정하게 뒤흔드는 포식자 생각을 경계해야 합니다.

기다림 의자의 기술

기다림 의자에 숙달되려면 다음과 같은 능력을 키울 필요가 있습니다.

- 태도를 선택하는 능력
- 현존하는 능력
- 내면의 안정감을 높이는 능력
- 생각의 안무를 짜는 능력

태도를 선택하는 능력

쉴 새 없는 변화와 불확실성을 관리하고 포용하는 능력은 오늘날 우리가 직장에서 습득해야 할 가장 근본적인 기술 중 하나입니다. 그러나 대부분의 사람들로서는 받아들이기 쉬운 일이 아닙니다. VUCA 세계에 존재하는 변동성, 불확실성, 복잡성, 모호함은 달갑지 않거든요. 대개는 우리를 불편하게 만드니까요.

불확실성에 익숙해지는 법을 배울 수 있을까요? 예측 불가능성을 일반적인 현상이라고 받아들일 수 있는지요? 우리가 역동적인 시스템의 일부임을 인식하고 변화에 직면해서 자신을 더 잘 관리하는 방법을 배울 수 있을까요? 불확실성과 변화의 시대에 우리에게 도움이 될 만한 행동 방식을 보여주는 이야기를 당신과 나누고 싶습니다.

나의 팔레스타인 친구

1994년 여름, 저는 팔레스타인 예루살렘 근처에 있는 한 학교에서 두 달 동안 자원봉사 교사로 일했습니다. 1차 인티파다[1]가 끝난 시점이었고, 저는 떠나기 전에 팔레스타인 친구와 작별인사를 나누었습니다. 제게는 깊은 인상을 남긴 만남이었죠.

직장에 가려면 친구는 다른 많은 웨스트 뱅크[2] 팔레스타인 사람들과 함께 매일 이스라엘 검문소를 통과해야 했습니다. 검문소를 통과하는 일은 초병에 따라 다소 즐겁기도 했지만, 종종 도전으로 다가왔다는군요. 검문소는 감정이 격해지고, 화가 폭발하고, 금방이라도 폭력이 벌어질 것처럼 긴장감이 높은 장소이니까요.

하루는 친구에게 중요한 인터뷰가 있어 검문소를 신속히 통과해야 했답니다. 그런데 시작부터 순탄치 않았습니다. 연로한 부친이 편찮으셨고, 임신한 아내의 몸 상태도 좋지 않아서 이미 집에서 나올 때부터 늦었던 겁니다.

검문소에 도착했는데, 처음 보는 초병 중 한 명이 성급히 지나가려는 친구의 태도를 알아차렸답니다. 친구는 상황을 설명하고 빨리 통과시켜달라고 거듭 요청했죠. 그런데 초병이 친구를 막아서더니 집으로 돌아가

1　봉기·반란·각성 등을 뜻하는 아랍어로, 팔레스타인의 반이스라엘 저항운동을 가리킨다. 1987년에 시작되어 1993년까지 계속됐으며, 비무장 시민운동이었다.

2　요르단강 서안 지구로, 1967년 3차 중동전쟁을 계기로 이스라엘이 점령했었고 1993년 뒤로 오슬로 협정으로 팔레스타인 자치정부가 설립됐다. 그러나 여전히 이스라엘의 군사 점령과 팔레스타인의 독립 요구가 충돌하는 지역이다.

라고 하더라는군요. 그날 친구는 통과할 수 없을 거라면서요. 친구는 상황을 한 번 더 설명했습니다. 그만큼 꼭 건너가야만 했으니까요. 또다시 단호하게 거절하기에 친구가 거듭 고집을 부렸더니, 초병이 이렇게 소리를 치더랍니다. "통과하고 싶으면 옷을 싹 다 벗어!"

이 얘기를 들었을 때 믿기지 않던 감정이 아직도 생생하게 기억납니다. 저는 분노가 치밀어 올라 곧장 공격 의자에 걸터앉아서 가능한 모든 후속 시나리오를 상상했습니다. 친구의 반응, 저항, 고함, 난투, 공포, 심지어 총성까지도요.

"그래서 어떻게 했어요?" 저는 제가 상상한 시나리오 중 하나가 적중하기를 기다리며 재촉했습니다. 친구는 매우 침착하게 저를 바라보더군요. 악의나 복수의 흔적이 하나도 없는 눈으로 말이죠. 그리곤 이렇게 대꾸했습니다. "나는 아무 말도 하지 않았어요. 그 초병의 눈을 똑바로 쳐다보다가 천천히 옷을 벗었죠."

저는 겸허해졌습니다. 제가 기대했던 대답이 아니었으니까요. 친구가 계속 이야기를 이어가자 상황이 훨씬 더 명확해졌습니다. 그 순간 친구가 한 선택은 자신과 타인의 입장을 세심하게 헤아린 데에서 나온 행동이었습니다. 초병이 소리를 내지르며 명령한 순간, 친구는 의식적으로 심호흡을 하고 초병의 눈을 바라보며 평온한 마음으로 내면의 안정을 되찾은 다음 이 극적인 상황에 말려들지 않기로 결정했습니다. 친구는 이 이야기를 들려주던 때에도 완전히 집중해서 상황의 단순한 사실만을 전달했습니다. 평가도, 덧붙인 이야기도, 과거도, 미래도, 자존심도 없었죠. 이런 상황에서는 분노하거나 굴욕을 느끼더라도 충분히 정당화될 수 있는 감정이었지만, 친구는 그러지 않기로 선택했습니다. 대신 그 순간에 중요한 것, 정말로 중요한 것에 집중했습니다. 바로 일과 가족이었죠.

거기서 친구는 침착하게 행동했습니다. 천천히 옷을 벗어서 차곡차곡 갠 다음, 초병에게 고개를 끄덕이며 국경을 넘었습니다. 친구의 떳떳함은 전혀 훼손되지 않은 채로, 친구의 존재감과 내적 안정감이 초병과 상황을 모두 무장 해제시켰습니다. 저는 초병의 도발에 의연하게 대처한 친구의 깊은 사유의 힘에 큰 감명을 받아서 이렇게 물었습니다. "어떻게 그럴 수 있었나요? 어떻게 그렇게 침착하게 대처할 수 있었어요?"

그러자 친구는 이렇게 대답했습니다. "왜 반응하죠? 초병들은 자신의 임무를 수행했을 뿐인데요. 그들은 우리를 통제하기 위한 훈련을 받았고, 또 몇몇은 어렸어요. 압박감을 이기지 못합니다. 무너지고 말죠. 내가 감정적으로 반응했다면 상황을 악화시켰을 거예요." 그래서 저는 또 넌지시 이렇게 물었습니다. "그래도 그때 굴욕감이 들었을 텐데요."

"말은 무기가 될 수도 있지만 그저 말이 될 수도 있어요. 당신이 거기에 어떤 가치를 두느냐에 달렸죠. 내가 허락하지 않는 한 아무도 내 존엄성을 빼앗을 수 없습니다." 친구의 대답은 이랬습니다. 결국 그는 목적을 이루고 무사히 인터뷰를 마쳤다고 합니다.

저는 고요한 순간에 종종 이 상황을 되돌아보며 거듭 깨닫습니다. 명료한 사고가 셀프 리더십에 얼마나 중요한지를 말입니다. 특히 예상치 못한 일이 발생할 때는 더욱 그렇죠. 제 친구의 경험은 다음과 같은 항목의 좋은 본보기입니다.

- 지금 이 순간에 저항하기보다는 받아들이고 함께하기
- 압박감 속에서도 명확하게 생각하기

'나는 검문소에 있다. 나는 이 검문소를 통과할 필요가 있다. 초병이 내게 옷을 벗으라고 했다. 이렇게 하지 않으면 오늘은 검문소를 건너가지 못한다. 건너가는 일이 중요하다. 나는 옷을 벗겠다.' 여기에는 어떤 이야기도, 심리적 부담감도, 무엇이 옳고 그른지를 가리는 열변도 없습니다. 그저 현존, 명확한 생각, 현명한 판단, 올바른 행동이 있을 뿐입니다. 이런 덕목은 우리 대부분의 직관에 상당히 어긋나지만 열망하고 실천할 가치가 분명 있지요.

팔레스타인에서 보낸 두 달 동안 내 안의 의식이 깨어나기 시작했습니다. 빅터 프랭클의 책 《죽음의 수용소에서》에 나오는 구절이 제게 큰 울림을 주더군요.

> 인간에게서 모든 것을 빼앗아갈지언정 단 한 가지, 마지막 남은 인간의 자유, 맞닥뜨린 환경에서 자신의 태도를 선택할 자유만큼은 빼앗아갈 수 없다.

이 조언은 우리 모두가 인생에서 안고 가야 할 책임이기에, 저는 하루도 빠짐없이 스스로에게 상기시킵니다.

현존하는 능력

정신적, 환경적 소음 탓에 마음이 들끓는 상태로 우리가 반응하려고 할 때 어떻게 하면 제 친구가 보여준 내면의 평온과 존재감을 얻을 수 있을까요? 기업들이 잇따라 명상을 진지하게 받아들이기 시작했습니다. "명상하는 CEO" "명상의 효능을 믿는 열네 명의 대표" "명상할 시간이 없다고 누가 그러던가요?" 같은 기사 제목이 오늘날 더욱 자주 오르내리고 있으며, CEO들은 매일같이 명상의 유용함을 공개적으로 공유합니다.

메드트로닉3 전 CEO이자 현재 하버드대학교 경영대학원(Harvard Business School) 교수인 빌 조지(Bill George)는 이렇게 언급했습니다. "명상하기 가장 좋은 공간은 비행기 안입니다. 나는 유럽을 자주 방문하는데, 만약 오전 8시에 비행기가 착륙한다면 10시에 이사회가 열리기 전 명상이 내게 깊은 휴식과 다시 집중할 수 있는 기회를 가져다줍니다." 메드트로닉에 재직할 당시, 조지는 회사 회의실 중 한 곳을 직원들이 휴식을 취할 수 있는 조용한 공간으로 꾸미기도 했습니다(블룸버그뉴스).

또한 리걸시푸드4의 CEO 로저 버코위츠(Roger Berkowitz)는 이런 말을 했습니다. "아침에 일어나면 가장 먼저 서재로 가서 명상을 합니다. 하루 두 번, 이십 분 동안 눈을 감고 마음을 비운 채 반의식 상태에 다다를 때까지 만트라를 반복하죠. 가끔 명상하기 전에 어떤 문제를 놓고 씨름할 때도 있는데, 명상을 하고 나면 불쑥 답이 떠오르기도 합니다." 그린마운틴커피로스터 설립자인 로버트 스틸러(Robert Stiller)는 블룸버그뉴스와 나눈 인터뷰에서 직원들에게 명상을 지도하기 위해 정기적으로 명상 강

3 의료 장비 및 기기를 판매하는 세계 최대 다국적 기업으로, 아일랜드 더블린과 미국 미네소타주에 본사가 있다.
4 보스턴에만도 여러 개의 체인점을 둔 해산물 레스토랑

사를 버몬트에 있는 회사 사무실로 모셔온다고 밝혔습니다. "구성원들이 명상 수련을 하면 회의에서 훨씬 큰 효과를 발휘합니다. 명상은 집중력을 높이고 작업 수행 역량을 기르는 데 도움이 되거든요." 세계 최대 헤지펀드인 브리지워터어소시에이츠 설립자이자 CEO인 레이 달리오(Ray Dalio)는 초월명상의 여러 원칙을 기업 문화에 녹여냈습니다. 초월명상은 '개선을 가로막는 주요 장애물은 본인의 나약한 자아'라고 생각하던 달리오에게 영향을 미친 수련법인데요. 명상을 실천하기 전에 그가 보여준 리더십 스타일은 다른 사람들을 거침없이 비판하는 방식이었습니다. 그 비판을 개인적으로 받아들인 사람들은 아무도 선뜻 좋은 아이디어를 제안하지 않았죠. 직원들의 사기를 떨어뜨린 행동이었습니다.

왜 명상일까요?

명상은 많은 이점을 제공합니다. 우리를 새롭게 하고, 지금 이 순간으로 오롯이 인도하며, 더 현명하고 온화하게 성장시키고, 압박감을 느끼는 상황에 더 잘 대처하도록 도와주죠. 가장 중요한 건 자칼 의자가 일으키는 충동을 억제해서 우리가 더 나은 결정을 내리는 데 도움이 된다는 점입니다.

기다림 의자가 존재하는 궁극의 목표는 삶이 주는 자극과 이를 둘러싸고 우리가 보이는 반응 사이에 의식적인 공간을 만드는 것입니다. 스티븐 코비(Steven Covey)는 자신의 저서 《성공하는 사람들의 7가지 습관》에서 이 공간을 가리켜 '응답을 선택하기 전에 성찰할 수 있도록 누르는 거대한 일시 중지 버튼'이라고 부릅니다. 명상의 본질 자체가 이런 목표를 달성하는 데 도움이 됩니다. 그러나 바로는 안 됩니다. 처음 명상 수행을 배우기 시작할 때 전형적인 짧은 명상 세션이 어떻게 펼쳐지는지 제 경험을 공유하겠습니다.

지도자

등을 곧게 펴고 앉을 수 있는 편안한 자세를 찾으세요. 천천히 숨을 들이쉬고 내쉬는데, 숨을 내쉴 때마다 조금씩 긴장을 풉니다. 천천히 모든 걱정을 내려놓고, 마음속 생각을 비우세요. 생각이 마음속으로 들어오는 것이 느껴지면 정중하게 떠나달라고 요청하세요. 그러면 당신 몸이 차분하고 평화로워집니다. 한 번 더 심호흡을 하세요.

초심자의 마음

아! 기분 좋아. 내가 이걸 즐기고 있구나. 드디어 사무실에서 잠시나마 휴식을 취하네. 숨을 들이쉬고, 내쉬고, 들이쉬고, 내쉬고… 다른 사람들은 다 눈을 감고 있나? 아니지, 보면 안 돼. 그건 반칙이야. 집중하자. 선생님이 방금 생각이 떠오르면 떠나달라고 요청하랬잖아. 생각에게 뭘 하라고 요청하는 거 괜찮은데! OK, 좋아. 지금은 별 생각이 없군. 잘하고 있는 거야… 이거 생각보단 어렵지 않네. 젠장, 무릎이 가렵다. 그런데 긁을 수가 없잖아. 움직이면 안 되니까. 숨을 쉬면 괜찮아질지도 몰라. 얼른 긁어버렸음 좋겠다. 아무도 모를 거야. 계속 간지러워서 집중할 수가 없어… 세상에! 지금 생각났어. 상사가 보낸 이메일에 답장을 안 했네. 네 시까지 보내달라고 했는데. 아, 나를 죽이려고 들 거야. 이제 어떡하지? 직장 동료는 휴가 중이고, 난 지금 모든 걸 감당할 수가 없는

데. 아이고, 일 생각은 하지 말고 명상을 해야 하는데… 숨을 들이쉬고, 내쉬고.

명상은 방황하는 마음과 직접 만날 수 있게 해줍니다! 초보자일 때는 방해 요소에 시달리기 마련입니다. 충동에 대처하려면 오롯이 집중해야 하죠. 명상이 우리에게 좋은 이유가 그래서입니다. 명상은 우리가 순간의 충동을 다스리고 더 집중할 수 있도록 도와줍니다.

직장에서 실수를 저지른 누군가에게 당신이 소리를 지르고 싶은 충동을 느낄 때, 당신에게는 어떤 다른 선택지가 있을까요? 회의 시간에 무언가 의견을 꺼내놓고 싶지만, 지금은 더 잘 들어주는 것이 낫다는 판단이 들 때는요? 업무에 집중하는 대신 삼 분마다 이메일을 확인하고 싶을 때는 어떤가요?

의식적인 멈춤

하루 중에 작은 침묵 바구니를 만드는 것은 그리 어렵지 않습니다. 결심이 필요할 뿐이죠. 침묵 속에서 천천히 2~5분간 의식적으로 호흡하면 좋은 효과를 거둘 수 있습니다. 우리의 근무 시간을 생각해 보세요. 사이사이 잠시 몸을 쉴 겨를도 없이 줄줄이 회의를 이어갑니다. 다음 회의에 들어가기 전에 이전 회의에서 논의한 내용을 소화하거나 숙고할 시간이란 없죠. 새로운 정보, 새로운 도전, 새로운 결정. 하루가 끝날 무렵이면 뒤죽박죽 쌓인 정보에 겹겹이 치여서 무슨 내용을 논의했는지 기억조차 나지 않습니다.

저는 팀과 함께 일하면서 어떤 세션을 시작할 때 팀원들에게 몇 분 동안 조용히 시간을 보내라고 요청해서, 우리가 함께 일하게 될 공간에 온전히 집중하도록 돕습니다. 비즈니스 세계에서는 이런 방식이 익숙하지 않지요. 항상 '켜짐' 모드에 있고 멈출 시간이 없다고 확신하니까요.

저와 함께 일하는 팀들은 새로운 활동을 시작하기 전에 의식적으로 짬을 내어 멈춤의 시간을 가집니다. 그러면 예외 없이 이렇게 말합니다. "잠시라도 멈춰서 다행이야!" "드디어 조금 쉬네." '하기'가 아닌 '있기'에만 집중할 수 있도록 허용합니다. 결국 우리는 인간의 행위가 아닌 인간 존재 그 자체이니까요. 의식적으로 챙기는 잠깐 멈춤의 이점을 느끼기 시작하면 사람들은 더 원하게 됩니다.

주의를 기울여 보면 하루에도 여러 번 우리 마음이 무의식적으로 떠돌고 집중력을 잃는다는 것을 알게 됩니다. 그런 자신을 알아차렸다면, 마음이 어디에 가 있는지 확인해 보세요.

'내가 어디에 있지? 과거에? 아니면 미래에?'

우리는 자신의 생각을 추적하는 일의 전문가가 될 필요가 있습니다. 과거나 미래의 감정에 사로잡히면 대부분의 도전 과제가 있는 현재에 효과적으로 대처하지 못하니까요. 우리는 '지금 여기'로 계속해서 되돌아오는 것을 연습할 수 있습니다.

간단한 연습

의식적으로 멈추기는 매우 간단합니다. 호흡이 편안하도록 등을 곧게 펴고 의자(또는 바닥 쿠션)에 앉습니다. 그리고 멈추고 싶은 만큼 타이머를 맞추세요. 일단 타이머가 시작되면 눈을 감고, 긴장을 풀고, 숨을 쉽니다. 타이머가 꺼질 때까지 그대로 있습니다.

숨이 들어오고 나가는 것에 집중하세요. 숨을 들이쉴 때 '들숨', 내쉴 때 '날숨'이라고 표현하면 집중하는 데 도움이 됩니다. '들숨'과 '날숨'에서 벗어나고 싶은 충동이나 생각이 들면 다시 호흡에 집중합니다. 여기까지예요. 간단하지만 의외로 힘들답니다.

마음은 움직이기를 좋아합니다. 오늘은 오 분간 시도해 보세요. 그리고 내일, 그다음 날, 이렇게 습관이 될 때까지 계속 시도하는 거예요. 하루에도 여러 번 실천하면 실제로 이점을 느끼기 시작할 겁니다.

가족이 있는 집으로 돌아가기 전에도 실천해 보길 추천합니다. 가장 사랑하는 사람들에게 최선을 다하기 위해, 우리는 집으로 돌아가기 전에 직장에서 쌓인 스트레스와 긴장을 풀어버릴 수 있습니다. 제 매니저 친구는 저녁에 가족과 만나기 전에 오 분 동안 차 안에 앉아 의식적으로 해독하는 습관을 실천합니다. 이제는 말 그대로 그의 의식이 되었죠.

현존하는 연습

- 하루에 두 번 의식적으로 호흡하며 오 분간 명상을 실천하세요.
- 생각을 추적하는 연습을 하세요. 내면에서 부정적인 성향이 일어나는 것을 느낄 때, '나는 어디에 있는가?'라고 스스로에게 물어보세요. 과거를 부정적으로 되새기거나 미래로 가서 불안해한다면 당신이 현재 행동하는 방식에 영향을 미칠 겁니다. 이 점을 알아차리고 지금 여기로 되돌아오세요.

- 업무 사이사이에 짬을 내어 자신을 위한 시간을 만드세요. 숨을 쉬며 가만히 멈추세요. 그리고 다음 업무로 넘어가기 전에 중심을 잡으세요.
- 회의나 활동을 시작하기 전에 팀과 함께 몇 분 동안 조용히 '긴장을 푸세요'.
- 스트레스와 긴장을 가족에게 '쏟아붓지' 않도록, 일을 마치고 집으로 돌아가기 전에 긴장을 푸는 시간을 챙기세요.

내면의 안정감을 높이는 능력

러디어드 키플링(Rudyard Kipling)의 시 〈만약(If)〉의 한 구절이 떠오릅니다.

만일 네 주변에 있는 모두가 혼돈 속에 있고 너를 비난할 때
네가 침착할 수 있다면,
만일 모든 사람이 너를 의심할 때
네가 너 자신을 신뢰할 수 있다면,
더불어 그들의 의심조차 이해할 수 있다면

오늘날 이 능력은 다른 어느 때보다 중요합니다. 특히 리더는 이렇게 존재할 수 있는 능력을 키워야 합니다. 어디서부터 시작할까요?

감정 관찰 – 감정의 90초 수명

뇌과학자 질 볼트(Jill Bolte)는 분노와 같은 감정은 자극을 받은 순간부터 90초만 지속한다고 설명합니다. 단 1분 30초. 좋은 소식이지요. 우리가 90초 동안 감정을 '바라볼' 수 있다면 감정은 자연스럽게 가라앉을 겁니다.

하지만 대개 우리는 어떻게 하나요? 감정이 훨씬 더 오래가게 만들죠. 우리는 반복되는 생각과 이야기로 연료를 공급해서 1분 30초 동안만 지속되어야 할 감정을 5분, 반나절, 일주일, 심지어는 몇 년 동안 질질 끌고 갑니다! 감정이 흘러가도록 내버려두는 대신 감정을 휘저으면서요. 그렇다면 여기에 우리는 어떻게 대응할 수 있을까요?

자극을 받아 불안한 감정이 차오를 때마다 90초 동안 기다리세요! 그저 그 불안한 감정과 함께하면서 감정을 직접 느껴 보세요. 사자들이 울부짖게 내버려두고, 열기가 당신 얼굴을 가로질러 지나갈 때 움직이지 말고 그저 서 있으세요.

다양한 해석

부정적인 감정을 해소하는 또 다른 방법은 그 감정을 다양하게 해석하는 겁니다. 나는 실수를 저지르면 기회, 재난, 축복 중에서 선택해 해석할 수 있습니다. 나는 초대를 받으면 의무, 기회, 기쁜 마음으로 반응할 수 있습니다. 누군가 나에게 화를 내면 그들을 바보라고 생각하거나 그들의 그날 운수가 안 좋았나 하고 상상하거나 무언가 내가 일부 원인을 제공했구나 하고 이해할 수 있습니다.

공유된 현실은 다양한 방식으로 해석할 수 있습니다. 함께 본 영화에서 어떤 인상을 받았는지 친구들에게 물어 보세요. 무수히 많은 해석을 듣게 될 겁니다. 하지만 우리가 힘든 상황 '한가운데'에 있을 때, 특히 우리가 자극을 받은 상황에서도 이런 점을 고려할까요? 우리는 첫 번째 해석을 얼마나 면밀하게 검토하나요?

다양한 해석을 받아들이는 연습은 우리에게 금방 영향을 미칩니다. 이런 연습은 호기심을 일으키는데, 호기심은 기다림 의자의 핵심 동인입니다. 호기심은 부정적인 감정을 녹이고 일상 업무의 효율성을 근본적으로 향상시킵니다.

다양하게 해석하는 연습:

자극을 받으면 이렇게 해보세요.

- 부정적인 감정이 올라오는 것을 지켜보세요.
- 감정을 자극한 그 사건에 우리가 어떤 의미를 가져다 붙이는지 살펴보세요.
- 실제로 일어나고 있는 일(종종 명확하지 않을 때도 있음)과 개인적인 해석을 구분하세요.
- 스스로에게 물어보세요. 이 상황을 어떻게 다르게 해석할 수 있는지를요. 다른 해석을 적어도 세 가지는 찾아보세요.
- 감정이 가라앉도록 내버려두세요.

도전의 순간을 지켜보기

이 연습과 더불어, 예상치 못한 크고 작은 도전이 닥칠 때마다 우리가 어떻게 반응하는지 세심하게 관찰하면 삶의 진정한 안정성을 알아볼 수 있습니다. 도전이 찾아오면 자신을 관찰하고 이렇게 질문해 보세요.

- 무엇에 나는 균형을 잃는가?
- 무엇이 내 안에서 부정적인 반응을 일으키는가?

- 언제 나는 인내심을 잃는가?
- 언제 현존이 깨지나?
- 나는 어떤 대화 주제에 화를 내는가?
- 내가 자극을 받는 사람들은 누구인가?
- 자극이 가장 자주 촉발되는 장소는 어디인가?
- 내가 피하려고 드는 사람들은 누구인가?

이렇게 질문하는 과정은 내면을 깊이 들여다보는 작업입니다. 답변을 일지에 기록해 보세요. 무엇이 우리를 자극하는지 의식적으로 이해해야만 우리 반응에 변화를 줄 새로운 전략을 수립할 수 있습니다. 물론 여기에는 세심한 주의가 필요하죠.

인생은 도전의 연속입니다. 우리의 일상적인 현실이 그렇습니다. 그래서 에크하르트 톨레는 이렇게 권유합니다. "마치 우리가 선택한 것처럼 모든 순간을 받아들이기를. 그 순간을 부정하지 말고 함께하기를, 우리의 적이 아닌 친구이자 동맹으로 만들기를." 우리의 도전을 성가시다거나 걸림돌로 여기지 말고 우리의 잠재적 스승이자 우리가 발전할 수 있는 기회로 삼아 보세요. 이렇게 사고를 전환하는 태도가 우리에게 중요합니다.

그렇다면 일이 잘못됐을 때 불평하지 않는 법을 배울 수 있을까요? 이런 도전에 저항하기보다 환영할 수 있을까요? 우리 기대대로 되지 않을 때 부정적으로 반응하지 않겠다고 마음먹을 수 있나요? 이런 결정은 우리의 선택입니다. 저항하거나 함께하거나. 다음은 어려운 순간에 도움이 되는 간단한 연습입니다.

1. 도전을 직시하세요.
2. 도전을 받아들이세요.
3. 보조를 맞추세요.
4. 맞이하세요.

우리가 마음을 열고 호기심을 갖는다면, 모든 판단이 사라지고 우리의 에너지가 자동으로 상승합니다. 호기심에 찬 마음은 판단하지 않기 때문이죠. 페르시아 시인 루미는 그의 시 〈여인숙(The Guest House)〉에서 이런 상태를 훌륭하게 묘사합니다.

> 인간이라는 존재는 여인숙과 같으니. 매일 아침 새로운 손님이 도착한다.
> 기쁨, 우울함, 비열함, 그리고 순간적인 작은 깨달음이
> 예기치 않은 방문객으로 찾아온다.
> 그들 모두를 환영하고 대접하라.
> 설령 그들이 당신 집을 난폭하게 쓸어버리고
> 가구를 몽땅 내가는 슬픔의 무리일지라도.
> 그렇다 해도 손님을 각기 정중하게 대하라.
> 그들은 어떤 새로운 기쁨을 위해 그대를 청소하고 있을는지 모르니.
> 어두운 생각, 수치심, 악의.
> 그들을 문 앞에서 만나 웃으며 집 안으로 초대하라.
> 누가 들어오든 감사히 여기라.
> 모든 손님은 저 멀리에서 보낸 안내자들이니.

연습할 수 있나요?

'사소한 짜증'을 관리하는 연습

기다림 의자의 기술을 연마하는 좋은 방법 중 하나는 삶의 일상적인 짜증을 빠르게 관리하는 법을 배우는 겁니다. 이를테면 악천후, 교통 체증, 기차 지연, 주차 벌금, 우리가 자주 들르는 카페의 폐업, 우산 분실 같은 일로 짜증이 일 때 말이죠.

이런 상황은 우리 삶에서 사소하고 성가신 일들이지만, 동시에 부정적인 반응을 빠르게 통과해서 수용의 장소, 즉 지금 여기로 돌아와 '최고의 나(자신)'로서 삶에 반응할 수 있도록 훈련하는 훌륭한 기회를 제공합니다. 사소한 성가심을 관리하는 법을 배울수록 더 큰 역경에 잘 대비할 수 있습니다.

생각의 안무를 짜는 능력

우리가 누군가에게 또는 무언가에 자극을 받았을 때 생각을 관리하는 연습을 실천할 수 있도록 '생각 안무'라는 시퀀스를 디자인했습니다. 이 시퀀스는 부정적인 생각이 우리 마음에 들어올 때 우리가 깨어 있고, 의식이 있고, 현존할 수 있도록 돕게끔 설계됐습니다.

1. 생활 사건

살다 보면 우리에게 무슨 일인가 일어납니다. 그러면 자극을 받죠. 이때 우리 몸의 감각이 어떻게 바뀌는지 살피세요. 그리고 올라오는 감정(짜증, 분노, 당혹감 등)을 추적합니다. 그저 그 감정들을 관찰하면서 불편하더라도 그대로 현재에 머무는 겁니다.

2. 자칼 쇼

이제 마음에 쌓이는 자칼의 생각을 주의 깊게 지켜보세요. 그냥 관찰하는 겁니다. 그 생각들을 판단하지 말고 그저 받아들이세요. 필요하면 이렇게 소리 내어 말을 해도 됩니다. "빌어먹을!" "제기랄!" "뭐라고!?"

이렇게 하면 당신의 부정적인 에너지가 방출될 겁니다. 하지만 바짝 경계하세요. 자칼의 생각에게 먹이를 주거나 거기에 머물지 말고요. 그렇지 않으면 자칼의 생각이 당신을 먹어 치울 겁니다. 빨리 진행하세요.

3. 90초 동안 머무르기

지금이 전환점입니다. 의식적으로 숨을 들이쉬고 내쉬면서 고요함, 현존, 안정성 같은 내적 자원을 이용하세요. 90초를 세면서 당신의 감정이 흘러가는 대로 내버려두세요. 대화 도중이라 90초의 시간이 없다면 간단하게나마 그저 의식적으로 호흡하세요. 집중하시고요.

4. 주의를 전환하기

자칼과 고슴도치 의자에서 의식적으로 빠져나오세요. 이 의자에 앉아 있으면 아무것도 이룰 수 없으니 움직이세요!

5. 환영위원회

현재의 삶이 제공하는 것이라면 뭐든 환영하세요. 당신을 위한 선물인 것처럼 받아들이세요. 저항하지 말고요. 우리는 배우고 성장하기 위해 여기에 있으니까요! 도전을 받아들이는 겁니다.

6. 호기심

당신이 마주한 도전에 호기심을 느껴 보세요. 무슨 일이 벌어지고 있는지 관심을 기울이세요. 진심 어린 관심이어야 합니다. 그렇게 다양한 각도에서 살펴보세요. 판단하거나 꼬리표를 붙이거나 비판하지 말고요. 여기서 무엇을 배울 수 있을까요? 직접 **탐험해** 보세요.

7. 최고의 나

이제 스스로에게 물어 보세요. 이 상황에서 내 **최고의 자아**는 어떻게 반응할까? 당신 앞에 놓인 선택지들을 살펴보고, 좀 더 깊은 시각으로 바라보는 연습을 해보세요. 나 자신과 다른 사람, 상황 자체를 위한 모든 선택지의 이점을 따져 보고, 그런 다음 선택하세요.

8. 선택 그리고 이동

당신이 내린 선택이 최대한 관련된 **모든 이**의 필요와 환경을 존중하는지 확인하고 결정하세요. 그런 다음 의식적인 행동(행동하지 않을 수도 있음)으로 옮기는 겁니다.

저는 우리가 다음과 같은 목표를 이룰 수 있도록 이 프로세스를 설계했습니다.

- 정체된 판단에 머무는 시간을 줄이고
- 의식적인 행동으로 더 **빠르게** 옮겨가기

누군가에게 또는 무언가에 부정적인 자극을 받을 때 매일 연습해 보세요. 일련의 단계에서 가장 어려운 단계를 확인하고 거기에 집중해서 연습하는 겁니다.

결론: 기다림 의자

제 프로그램에 참여하는 분들에게 미래에 가장 연마하고 싶은 의자를 선택하라고 하면 대부분 기다림 의자를 지목하곤 합니다. 부정적인 것에서 긍정적인 것으로, 무의식에서 의식으로 전환하기 위해서는 반응하기 전에 '기다림' 또는 '멈춤'을 실천하는 자세가 필수라는 점을 깊이 이해했다는 뜻이죠.

우리가 평소 방식으로 '행동해버리고' 싶은 충동을 느낄 때, 기다림 의자는 잠시 멈추어 생각하며 중간 지점에 앉아 옳고 그름, 흑백, 예와 아니오, 참과 거짓이라는 두 극단 사이의 온전한 힘을 느낄 수 있도록 우리를 초대합니다.

이 의자에 앉으면 우리는 근본적인 불확실성과 삶의 초조함을 경험합니다. 그리고 스스로에게나 타인에게 해로운 방식으로 행동하지 않고 함께 머무는 법을 배우죠. 한마디로 우리가 일상에서 어떻게 행동하는지 진정으로 되돌아볼 수 있는 기회입니다. 우리가 자신과 타인을 어떻게 해치는지, 우리에게 더는 도움이 되지 않기에 버려야 할 오래된 습관은 무엇인지를 말입니다. 그러다 보면 우리는 오래된 반복적 패턴과 우리를 자극하던 행동들을 마주하고, 새로운 행동방식을 실험할 기회를 얻게 됩니다.

기다림 의자는 우리에게 가장 중요한 지점입니다. 우리가 리더, 동료, 배우자, 파트너, 부모 그리고 친구로서 매일 마주치는 선택을 의미하니까요. 우리는 우리의 오래된 문제 많은 방식에 굴복하거나, 더 긍정적인 새로운 행동을 선택할 수 있습니다. 선택은 우리 몫입니다.

더 개인적인 메모

잠시 옆길로 새서 제가 경험한 내면 여행의 일부를 여러분과 나누고 싶습니다. 이 과정에서 제가 다섯 개의 의자 프로그램을 만들게 됐고, 다른 사람들이 최대한 잠재력을 발휘할 수 있도록 돕는 일에 열정을 품게 됐으니까요. 아울러 저는 여러분이 꾸준히 성장 경로를 추구해가는 데 이 이야기가 도움이 되길 바랍니다.

삼십대 초반까지 자신감 넘치는 제 겉모습은 상당히 무질서하고 혼란스러운 제 마음을 숨기는 데 매우 효과적이었습니다! 질투심, 고집스러움, 자기 의심 등 버릴 수만 있다면 기꺼이 내다버리고 싶은 특성들이 몸에 밴 상태였거든요.

어디서부터 시작해야 할지 막막하더군요. 다만 마음속 깊은 곳에서는 다르게 느낄 수 있다는 걸 알았죠. 저는 내면의 평온함을 엿볼 수 있었고, 그 순간이 더 오래 지속되기를 바랐습니다. 이 소망을 어떻게 달성하는지가 제 인생의 주된 목적이 되었고, 혼자서 '열심히' 해보기로 결정했지요. 그래서 하타요가, 마음챙김 훈련, 신경언어 프로그래밍(NLP), 명상, 비폭력대화, 프라나야마 요가호흡, 태극권, 내면 미러링 등을 포함한 수많은 접근법을 탐구했습니다. 거의 중독 수준이었어요.

새로운 가르침이나 수행을 시작할 때마다 저는 매번 확신했습니다. 이제 더 큰 행복과 균형 잡힌 삶으로 가는 길을 찾았다고 말입니다. 하지만 대개는 차츰 열정이 줄어들다가, 환멸이 시작되고, 한바탕 자학을 치르고 나면 절망이 뒤따랐습니다. 때로는 이 모든 노력이 결실을 맺기 시작했다고 믿는 호사를 부리기도 했고요. 그래도 적절히 인내심을 발휘하면 확실히 변화는 찾아왔습니다. 저는 알고 있었거든요. 삼십 년간 새겨진 정신적 각인은 하루아침에 바뀌지 않는다는 것을요. 그때 제게 깊은 영향을 끼쳤고, 지금도 방향을 찾기 위해 매일 실천하는 세 가지 수행 연습을 여러분과 공유하고 싶습니다.

첫 번째 연습: 마음 들여다보기

제 마음을 길들인 결정적인 순간은 베트남 불교 승려인 틱낫한과 함께 콜로라도에서 일주일 동안 조용히 수행하는 동안 찾아왔습니다. 누군가에게는 해방감을 맛보는 경험이었고, 누군가에게는 악몽이었지요. 센터에 도착했을 때 저는 한 승려에게 다른 사람들 900여 명과 합류할 거라는 소식을 들었습니다. 제가 즉각 반응했더라면 발걸음을 돌려 곧장 공항으로 돌아갔을 거예요. 그러지 않아서 다행이었습니다. 수행하는 동안 받은 영향은 실로 심오했으니까요. 900명과 침묵 속에서 마음챙김을 수련하는 단순한 경험은 그 자체로 하나의 깨우침이었습니다. 말을 멈추면 인간이 얼마나 유쾌하고 능률적으로 될 수 있는지 예전에는 미처 몰랐거든요.

수행 중에 우리는 끊임없이 우리의 생각과 감정과 행동을 알아차리고 주의 깊게 관찰하는 마음가짐을 기르라고 격려하는 말을 들었습니다. 이를테면 스스로 경비견이나 수호천사가 되는 셈이죠. 여기서 미어캣의 은유가 나오게 된 겁니다.

처음에는 제 마음의 끝없는 활동을 지켜보기가 상당히 버거웠습니다. 잠시 시간을 내어 머릿속 목소리를 관찰해 보면 제 말이 무슨 뜻인지 알 수 있을 거예요. 우리가 자칼 의자에서 만난 그 모든 이야기, 종종 내 의지와는 상관없이 줄기차게 흘러가는 논평, 식별, 판단, 불평, 비교, 갈망, 좋아함, 싫

어함, 통제, 비난 그리고 욕망들을 말입니다. 저는 제 마음이 과거로 휙 돌아갔다가 미래로 내달리더니 놀라운 속도로 다시 현재로 돌아오는 과정을 지켜보았습니다. 불교도와 힌두교도가 가리키듯 제 '원숭이 마음'은 날뛰고 있더군요. 오가는 심리적 기억의 덩어리, 끊임없는 수다. 저는 스스로가 통제할 수 없는 피상적인 생각의 흐름에 휩쓸리고 있는 느낌이 들었습니다. 극도의 불안감이 밀려왔습니다.

수행하는 동안 우리가 마주한 도전은 정신적인 소음을 가라앉히고 '고결한' 침묵에 잠기는 것이었습니다. 그렇게 하면 우리가 더 깊은 차원에서 우리 자신과 만나고 문제를 키우기만 하는 우리의 습관에서 벗어나는 데 도움이 됩니다. 이것이 바로 제게 필요한 일이었죠. 수단은 명상이었습니다. 저는 헌신적으로 연습했지만, 이 정신적 고요함을 달성하기 위해 제 자아와 씨름하면서 제가 얼마나 저 자신과 경쟁하게 되는지 깨닫고 몸서리쳤습니다! 하지만 드디어 정신적 고요함을 얻고 나니 제 마음을 관찰하는 바로 그 행위가 명징한 내면을 위해 필요한 공간을 만들어주더군요. 저는 천천히 틱낫한이 언급한 더 깊은 내면의 고요함을 경험하기 시작했습니다.

우리는 마음챙김을 실천했는데, 이는 본질적으로 내부와 외부에서 벌어지는 일에 주의를 기울이고 그 둘 사이의 상호작용을 인식하는 것을 의미합니다. 이 마음챙김을 잘하려면 현존이 필요하고, 지금 여기에 존재해야 합니다. 내가 그랬듯 여러분도 그때 거기에 있으면 실천하기 어려운 일이죠. 연습을 거듭하면서 제가 얼마나 많은 저항을 끊어내야 하는지 절실히 깨달았습니다. 무척 힘든 일이었어요. 그러면서 수용의 개념 전반에 대해 생각하게 됐습니다.

두 번째 연습: 급진적인 수용

마르쿠스 아우렐리우스[5]는 이천 년 전에 이렇게 말했습니다.

> 당신에게 다가오는 모든 것을 당신 운명의 패턴 안에 짜여진 것으로
> 받아들이십시오. 그것이야말로 당신에게 가장 필요한 것이니!

저는 매일 삶이 제공하는 것을 수용하려고 노력 중입니다. 그렇다고 삶의
현관 매트[6]가 되라는 얘기는 아닙니다. 삶의 희생자가 되기보다는 삶에 반
응하는 방식에 대해 적극적이고 의식적으로 책임을 지라는 뜻입니다.

다른 사람이 했거나 하지 않은 일 그리고 말 때문에 기분이 상하거나, 짜증이
나거나, 혼란스럽거나, 좌절감을 느낄 때 우리는 어떻게 할 수 있을까요?
이럴 때 마음챙김이 우리가 관찰하고, 목격하고, 자극과 반응 사이에 공간
을 만들어낼 수 있도록 도와줍니다. 우리가 자유롭게 선택할 수 있는 중요
한 공간이죠.

저는 차츰차츰 발견했습니다. 찰나일지라도 멈춤 속에서만 가장 효과적인
진행법을 포착해낼 수 있다는 것을요. 우리가 경험하는 모든 고통은 명확
하고 정확하게 묘사되는 순간, 더는 고통이 아니게 됩니다. 그때 우리가 하
는 말이나 행동은 자동으로 나오는 감정 반응이라기보다는 더 깊은 수준의
창의성에서 비롯된 우리의 실제 자아를 효과적으로 드러내는 표현일 가능
성이 훨씬 높습니다.

---

5 로마제국 제16대 황제
6 다른 사람에게 당하고도 가만히 있는 사람을 비유하는 말

저는 이렇게 수용과 판단 보류를 실천하는 자세가 다문화 트레이너로 일하는 제게 매우 중요하다는 점을 깨달았습니다. 발달심리학자 로버트 케건(Robert Kegan)도 이렇게 간결하게 말했죠. "가치관, 전통, 생활양식이 다양한 사회에서 성공적으로 기능하기 위해서는 **자신의 반응에 포로가 되기보다 그것들과 관계를 맺을 필요가 있다.**"

이런 자세는 우리에게 익숙한 것이라면 뭐든 '올바름' 또는 '진실'로 만들고 낯선 것은 '그릇됨' 또는 '거짓'으로 만드는 경향에 저항하는 능력입니다. 여기서 저는 마지막 연습으로 넘어갑니다.

세 번째 연습: 선택

이 부분이 제게는 가장 중요한 연습이었고, 지금도 여전히 그렇습니다. 인생에서 항상 선택권이 있다는 깨달음은 제게 크나큰 해방감을 안겨주었습니다. 이전에는 의식적으로든 무의식적으로든 다른 사람들의 결정에 끌려다녔거든요. 사람들의 기분을 맞춰주고 싶은 욕구가 근본적으로 저를 무력하게 만들었고, 제 목소리는 종종 억눌리고 사라졌습니다.

오직 나 자신만이 내 행복을 책임질 수 있고, 어떤 순간에도 삶에 대한 태도를 선택할 수 있다는 깨달음은 제게 전환점이 되었습니다. 제 안에 깊은 에너지 흐름을 만들어주더군요. 항상 의도한 대로 선택할 수 있고, 결코 저절로 피해자가 될 필요는 없다는 사실을 아는 것은 엄청난 힘이 되었습니다.

어렵든 그렇지 않든 어떤 상황에 직면했을 때, 의식적으로 고를 수 있는 선택지가 있다는 것을 저는 압니다. 의도한 대로 조치를 취하고, 상황을 처리하고, 변경할 수 있습니다. 상황을 있는 그대로 받아들일 수 있습니다(남아 있는 저항이 없도록 주의하세요). 또는 좀 더 잘 준비할 수 있도록, 반응을 나중으로 미룰 수도 있습니다. 제게 그 선택권이 있습니다. 언제나. 그리고 제가 선택한 결과는 저의 책임이죠.

이 세 가지 연습은 제게 훨씬 큰 내적 안정성을 가져다주었습니다. 제가 들인 노력은 모두 그만한 가치가 있었습니다.

6장

네 번째 의자 – 알아차림 의자, 돌고래

알아차림 의자는 파란색을 띱니다. 불교철학에서 순수하고 정돈된 마음을 가리키는 색이죠. 저는 이 의자에 '알아차림'이라는 이름을 선사했습니다. 왜냐하면 이 의자는 우리가 자기 의심 의자에 앉아 있던 '작은 나'에서 진화해 우리 자신과 세상을 모두 변화시킬 수 있는 '더 높은 나'로 나아가도록 초대하기 때문입니다.

이 의자에서 우리는 **자기 인식**을 계발하고, **스스로**를 단련하며, 진정한 **자기표현**을 추구합니다. 이 의자에서 우리를 이끌어주는 신념은 '나는 충분히 알고 있고, 나는 충분하다'입니다.

우리가 이 의자에 빗댄 은유는 많은 사랑을 받는 돌고래예요. 장난기 많고, 자신감 있고, 의사소통을 잘하고, 활기차고, 두려움이 없고, 매우 사교적이라는 점 말고도 돌고래는 거울에 비친 자기 모습에 반응해서 자기 인식을 보여주는 극소수 포유류 중 하나입니다. 또한 지능 수준이 높고, 협력해서 문제를 해결하는 능력도 지녔고요. 그래서 자아실현을 향한 우리의 여정에 이상적인 은유입니다.

알아차림 의자는 우리에게 많은 것을 해보자고 요청합니다. 우리는 스스로를 더 자각하게 되고요. 새로운 언어, 즉 우리의 감정을 자신감 있게 표현하고 우리의 욕구를 적극적으로 전달해줄 수 있는 힘의 언어를 배울 수도 있습니다. 취약함의 힘과 어려운 대화를 이끄는 기술도 익히고, 우리가 지닌 모든 힘을 발휘하는 법도 연마하죠.

자기 인식은 개인적인 성장을 위한 가장 중요한 구성요소이며, 자기 인식을 계발하는 유일한 방법은 자기 성찰입니다. 이 말은 곧 한발 물러서서 우리 자신을 잘 살펴보겠다는 의지가 있어야 한다는 뜻인데, 물론 이는 두려운 일일 수도 있습니다. 고통을 개인적으로 책임지기보다는 다른 대상이나 세상에 떠넘기는 게 훨씬 쉬우니까요. 알아차림 의자에서 우리는 감정과 다시 연결되는 법을 배웁니다.

"우리는 생각하는 기계가 아닙니다. 생각하는 감정 기계입니다."

조지워싱턴대학교 의과대학 신경과 교수인 리처드 레스탁(Richard Restak)의 기사에서 인용한 이 문장은 감정을 명료하게 설명하고 감정의 중요함을 상기시킵니다. 우리의 감정은 우리 생각과 달리 보편적인데요. 감정은 문화, 인종, 사회계층, 연령을 초월하고 인간으로서 우리의 유사성을 정의합니다. 그러나 대개 우리는 감정과 단절되어 있거나, 감정을 통제하거나, 숨깁니다.

브라질의 이모티콘

한 브라질 고객은 자신의 공장 직원들이 스스로 감정을 관리하고 작업장에서 최대한 감정적 폭발을 자제하는 효과적인 방법을 어떻게 찾아냈는지, 그 인상 깊은 이야기를 들려주었습니다.

노동자들은 매일 아침 자신의 감정 상태를 서로에게 조용히 알려주자고 뜻을 모았습니다. 그래서 공장에 들어서면 게시판에 쓰여 있는 자기 이름 옆에 세 가지 이모티콘인 웃는 얼굴, 비참한 얼굴, 평범한 얼굴 중 하나를 가져다 붙였다는군요. 이 규칙이 그들에게 어떤 도움이 되었느냐고 물었더니, 그들은 '오늘 기분이 어때?'라고 스스로에게 물어보게 되어 자신이 매일 아침 어떤 상태로 일터에 나오는지 훨씬 잘 헤아리게 됐다고 대답했습니다. 부정적인 감정에 잠겨 있는 자신을 알아차렸을 때, 그들은 그 감정을 동료들에게 떠넘기지 않고 스스로 더 많은 책임을 지려고 노력했던 거죠. 그렇게 해서 그들은 서로의 정서적 요구에 훨씬 더 민감해지는 법을 배웠습니다.

그들에게 비참한 얼굴 이모티콘이 붙어 있는 것을 보았을 때는 어떻게 했는지 물었더니, 그들도 처음에는 문제의 그 사람을 회피했다고 인정했습니다. VUCA 세계는 이미 충분히 힘들어서 다른 사람들의 문제에까지 마음 쓰지 않아도 된다는 것이 그들의 논리였습니다. 우리가 모두 부정적인 감정을 경험하면서도 다른 사람이 그럴 때는 모른 체한다는 점이 흥미롭습니다.

하지만 시간이 지날수록 서서히 그들도 비참한 얼굴 이모티콘을 붙인 사람들에게 공감하는 법을 배웠습니다. 그들에게 적극적으로 다가가 지원이 필요한지도 물었고요. 심지어 "그냥 혼자 있고 싶어요."라는 사실상 거절에도 대비하고 이를 개인적으로 받아들이지 않는 법을 배웠습니다. 말하자면 진심으로 공감하며 반응하는 법을 깨우친 거죠. '지금 당신 기분을 생각하면 혼자 있고 싶어 하는 마음을 이해할 수 있어요. 만약 대화할 사람이 필요하면 내가 여기 있다는 걸 알려주고 싶어요.'

조용히 감정을 알려주는 이 의식적인 행위가 노동자들 사이에 깊은 유대감을 심어주었습니다. 그들은 시간이 흐를수록 더욱 서로를 의식하고 돌보게 됐습니다. 자신의 진짜 모습을 공유해도 안전하다고 믿었기에, 가면을 쓰지 않고도 일할 수 있다고 느낀 겁니다.

감정과 욕구의 절대적 중요성

조직에서 우리가 겪는 많은 문제는 서로에게 마음을 열지 않고 진실을 말하지 않기 때문에 일어납니다. 많은 문화권에서 '감정적인 태도'는 비전문적이고 합리성을 방해하기에 부적절하다고 가르칩니다. 그럴수록 우리는 서서히 '감정 문맹'이 되지요. 하지만 우리를 서로 가장 깊이 연결해주는 것은 우리의 감정입니다.

정서 문해력 – 감정 어휘

직장 동료들과 얼마나 편안하게 자신의 감정을 공개적으로 공유하나요? 직장에서 오가는 감정 표현을 얼마나 자주 듣습니까?

'이렇게 말하려니 진짜 곤란한데…'
'이번 회의 결과는 불안해.'
'이런 사실을 알리려니 긴장되네.'
'이 상황이 정말 걱정돼.'
'이번 결정은 불편해.'

'난 그 대화의 결과가 달갑지 않아.'
'난 우리 성과를 보고 실망했어.'
'진전이 있어 흐뭇한걸.'
'우리는 그 소식을 듣고 감격했어.'

감정에 이름 붙이고 나누기

저는 우리가 얼마나 '감정 문맹'인지 거듭 깨달았습니다. 다섯 개의 의자 프로그램 중 문화적 다양성 세션을 실행할 때 참가자들과 함께 문화충격 모의실험을 하는데요. 여기서 참가자들은 문화적으로 서로 매우 다른 관습과 행동양식을 지닌 까닭에 자신과 무척 다른 사람들을 만납니다. 그래서 첫 만남은 당황스럽고 불안정하기 마련이라, 참가자들은 일반적으로 문화충격을 받고 그에 따르는 감정을 경험합니다. 세션을 마치고 피드백을 나누는 자리에서 그들에게 방금 무엇을 느꼈냐고 물어보면 보통 "무례했다" "차가웠다" "말을 걸어봤지만 대답이 없었다" "저 사람들과 일하고 싶지 않다" 등의 이야기를 합니다. 그런데 이 중 어떤 것도 감정이 아닙니다. 자신들이 경험한 행동을 머리로 진단한 결과입니다. 참가자들에게 감정만 더 정확하게 설명해달라고 요청하면 등장하는 단어의 목록은 대개 '당황스럽다' '불편하다' '놀랍다' '짜증 난다' '좌절했다'와 같은 형용사 대여섯 개로 제한됩니다. 우리는 가슴과 단절된 채 머리로만 생각하라고 교육을 받으니까요.

우리의 부정적인 감정을 인식하고 여기에 이름을 붙이는 의식적인 행동은 우리를 지배하는 부정적인 감정의 힘을 줄여줍니다. 만약 부정적인 감정을 인식하지 못한다면 우리는 그 손아귀에 휘둘릴 겁니다. 우리가 느끼는 감정을 다른 사람에게 알리면 상황이 명확해지죠. 흔히 오해와 갈등으로 이어지는 모호성도 줄어들 테고요. 다른 사람의 생각을 두고는 논쟁할 수 있지만, 감정이라면 그럴 수 없으니까요.

그렇다면 감정을 더 자주 공유하지 않는 이유는 무엇이고, 그때 우리가 지불하는 대가는 무엇일까요? 표현하지 않은 감정은 우리 내부에서 곪아터져서 벌을 주거나 복수하는 행위로 바뀌는 경향이 있습니다. 그래서 궁극에는 관계를 파괴하죠.

긍정적인 감정을 공개적으로 표현하면 어떻게 될까요? 긍정의 공감대가 점점 커져서 주변에 있는 모든 사람에게 전염됩니다.

주의: 책임감 있는 감정 표현

우리가 감정을 표현할 때는 묵직한 책임이 따릅니다. 다음과 같이 비난하는 언어로 다른 사람들에게 감정을 쏟아붓지 않도록 주의해야 합니다.

"너 때문에 화가 났다."
"그들 때문에 혼란스러워졌어."
"내가 오해를 받은 느낌이야."
"무시를 당한 느낌이 들어."
"내가 행복하지 않다면 그건 네 잘못이야."

우리에게 감정의 진정한 소유권이 있다면 이렇게 표현할 겁니다.

"그들이 너무 빨리 말할 때 내가 혼란스러웠어."("그들 때문에 혼란스러워졌어" 대신)

"네가 상사에게 ….에 대한 이야기를 했을 때 나는 화가 났어."("너 때문에 화가 났다" 대신)

"아무도 내 의견을 묻지 않았을 때 낙담했어."("무시를 당한 느낌이 들어" 대신)

여기서 주의할 점이 한 가지 있습니다. 우리의 감정을 다른 사람들과 공유할 때는 의도가 진실한지 항상 확인해야 합니다. 조종하려는 의도가 엿보이면, 사람들이 재빨리 알아채고 신뢰는 깨질 겁니다.

실습 – 감정에 이름을 붙이기

주변 사람들과 감정을 공유하는 연습을 더 많이 해보세요. 집에서부터 시작하시고요. 감정이 북받치면 숨기기보다는 분명하게 밝혀 보세요. 가족이 당신 마음을 읽을 거라고는 기대하지 말고요. 기분이 어떤지 진심을 담아 알리세요. 그럴 때 목소리에 처벌이나 불만의 조짐이 없는지 항상 확인하세요. 다른 사람을 탓하기보다는 자신이 겪는 감정은 오롯이 자신이 책임지세요. 그리고 결과를 관찰하세요. 사람들이 당신에게 더 활짝 마음을 여는지 살펴보고요. 그런 다음 직장에서도 시도해 보세요.

욕구의 언어

일단 감정을 알아차리고 나면 다음 단계는 욕구를 의식하는 겁니다. 사실 욕구에 대해 이야기하는 건 일반적인 관습이 아닙니다. 우리는 대개 욕구를 밝히기는커녕 욕구가 있는 것 자체를 부끄러운 일로 믿게 만드는 수많은 문화적 훈련을 받으니까요. 그래서 도리어 우리에게는 희생

이 요구됩니다. 게다가 우리는 뭔가 결핍이 있는 사람으로 여겨지기를
원치 않지요. 결핍이 있으면 부정적인 평가를 받으니까요.

마셜 로젠버그의 매우 효과적인 '비폭력대화' 프로세스는 이런 생각을
뒤집습니다. 그래서 우리에게 느낌과 욕구가 얼마나 깊이 연결되어 있는
지를 보여주죠. 비폭력대화의 가장 중요한 가르침은 느낌이 우리의 욕구
에 무슨 일이 일어나고 있는지를 보여주는 신호라는 겁니다. 즉, 욕구가 충
족되면 우리는 즐거운 느낌을, 욕구가 충족되지 않으면 불쾌한 느낌을
경험합니다. 따라서 우리가 충족되지 않은 욕구를 알아차릴수록 스스로
또는 다른 사람에게 협력을 요청해서 욕구를 충족하기 위한 전략을 찾
는 일이 더욱 수월해집니다.

명심하세요. 사람들에게 그들의 무엇이 잘못되었는지 대신 우리 기분이 나
아지기 위해 무엇이 필요한지 이야기하면 우리의 욕구를 충족할 가능성이
더욱 커집니다.

욕구 어휘와 욕구를 의식하기

다음 욕구 목록을 살펴보세요. 그리고 이 중 많은 욕구가 여러분 삶에서
충족되지 않는다면 어떤 느낌이 들지 상상해 보세요. 충족되지 않은 욕
구는 우리 안에 깃든 모든 부정성의 원인이 됩니다.

자율성
자유
선택
독립성
자율권
개성
혼자만의 시간

양육, 보살핌
따뜻함
돌봄
다정함
손길
스킨십
편안함
유대감
정서적 안전
이완

온전함
자부심
자기 존중
진정성
정직
목적
비전
꿈
가치

상호 의존
존중
공정성
배려
연결
협력
공감
믿음
안도
명확성
평등
관용
정의
감사
존중
명예
사랑
수용
호감
예측 가능성
일관성
신뢰
기여
봉사
우정
나눔
친밀한 관계
인정
승인
공동체
가정과 가족

정신적인
자극
이해
알아차림
성찰
분석
다양성
명료함
지식
자각

자기표현
창의성
성장
숙달
목표
의미
치유

인생 예찬
놀이
유머
열정
흥
즐거움
환희
자유로운 움직임
운동
자극
열정

영적 에너지
조화
평화
아름다움
미적 감각
영감
질서

물리적 생존
휴식
주거
안전
보호
공기
물
음식
성적 표현

욕구에 대해 더 많이 생각하고, 더 많이 이야기할수록 우리 삶에서 욕구가 얼마나 중요한지 더 잘 깨닫게 됩니다. 다시 말해 행복이 우리의 가장 중요한 욕구를 정기적으로 채워주는 데 달렸다면, 다음과 같은 일에 더욱 많은 에너지를 집중하는 것이 중요합니다.

- 그 중요한 욕구가 무엇인지, 그리고
- 불평하는 대신 그 욕구를 해결할 방법을 능동적으로 찾아보기

여러분에게 가장 중요한 욕구는 무엇인가요?

당신의 욕구 목록

우리가 모두 실천할 수 있는 유용한 연습은 삶에서 우리에게 정말로 중요하다고 생각하는 것과 타협할 마음이 없는 것의 목록을 작성하는 일입니다. 목록을 보면서 가장 중요한 열 가지 욕구, 즉 삶을 주도하고 결코 타협하지 않을 욕구를 선택해 보세요. 이런 욕구들을 알아차리지 못한다면 정말로 '아니요'라고 대꾸하고 싶은 요청에 '예'라고 말하게 될지도 모릅니다. 그러면 문제가 생기겠지요. 내적 혼란과 오해가 빚어지고, 아마도 당신이 '예'라고 말한 대상을 벌주기 시작할 겁니다.

제가 기업에서 제 기능을 못 하는 팀이나 경쟁적 관계에 있는 팀들과 함께 일할 때 초반에 하는 활동 중 하나가 각 팀 구성원이나 각 부서의 요구사항을 투명하고 체계적으로 교환하는 일입니다. 막상 욕구에 대해 이야기하더라도 위협적이지 않습니다. 하지만 다른 사람의 잘못을 들추는 행동은 비생산적인 방어 메커니즘을 만들죠.

개인과 집단이 의식적으로 자신의 욕구와 집단의 요구사항을 파악하도록 도우면 협상의 건전한 기반이 닦입니다.

느낌과 욕구 연결하기

다음 단계는 느낌을 욕구와 연결하는 과정입니다. 다음은 욕구가 충족되거나 그렇지 않을 때 경험하는 일반적인 느낌입니다.

욕구가 충족될 때:

- **행복**: 만족스러운, 기쁜, 자랑스러운, 자신감 넘치는, 안도하는, 감동 받은, 낙관적인, 흥분되는, 호기심 가득한
- **흥분**: 고무된, 활기찬, 흥미로운, 몰입한, 놀란, 즐거운, 간절한, 깨어있는, 짜릿한
- **평화로움**: 고요한, 기꺼운, 여유로운, 차분한, 안전한, 상쾌한, 안심되는, 흡족한
- **사랑스러움**: 따뜻한, 감사한, 다정한, 세심한, 자애로운, 고마워하는, 든든한

욕구가 충족되지 않을 때:

- **슬픔**: 괴로운, 좌절스런, 낙담한, 실망한, 외로운, 냉담한, 무기력한
- **두려움**: 무서운, 불안한, 초조한, 의심스러운, 회의적인, 걱정스러운, 질투심이 나는, 부러운
- **몹시 화남**: 화난, 적의에 찬, 흥분한, 성가신, 분한, 속상한, 격렬한, 불쾌한, 비관적인

- **혼란스러움**: 황당한, 낙담한, 당황스러운, 주저하는, 걱정하는, 낯선
- **피곤함**: 지친, 무관심한, 지루한, 게으른, 무기력한, 압도된, 무감각한, 졸린
- **불편함**: 뒤숭숭한, 수치스러운, 죄책감이 드는, 견디기 힘든, 짜증나는, 상처 입은, 비참한

행동에 깃든 욕구 의식하기

실제로 느낌과 욕구를 연결 짓는 표현은 어떤 형태일까요? 로젠버그의 비폭력대화는 기본 모델을 마련해서 다음과 같은 효과적인 구조를 제공합니다.

욕구와 느낌을 연결할 때 고려해야 할 네 가지 요소

1. 사건에 대한 우리의 관찰
2. 우리의 느낌
3. 우리의 욕구
4. 우리의 욕구를 충족하기 위한 부탁 또는 전략

관찰: 그 사람/사람들은 무엇을 했나요? 어떤 상황이었습니까?(묘사적이어야 하며 판단이 들어가지 않아야 합니다.)

느낌: 내 느낌은 어땠습니까?

욕구: 나에게 중요한 것은 무엇인가요? 충족되거나 그렇지 않은 욕구는요?

부탁 또는 전략: 충족되지 않은 욕구를 앞으로는 어떻게 충족할 수 있을까요?

두 가지 예시를 살펴보겠습니다.

■ 나의 욕구가 충족될 때

관찰: 내가 프로젝트에 기여했다고 상사가 고맙다고 표현했어.

느낌: 나는 행복하고 고맙고 보람차다.

욕구: 인정과 감사를 바라는 나의 욕구가 충족되었어.

부탁 또는 전략: 계속 이정도로 노력하며 일에 전념하겠어.

■ 나의 욕구가 충족되지 않을 때

관찰: 상사가 내 업무에 피드백이 없고 나는 내가 얼마나 잘하고 있는지 모르겠어.

느낌: 나는 좌절감이 들고 실망스럽고 슬퍼.

욕구: 내 업무를 위한 역량을 갖추는 일이 정말 중요해. 바로 지금, 성장과 개인적 계발을 바라는 나의 욕구가 채워지지 않고 있어.

부탁 또는 전략: 상사와 이야기를 나눠야겠어.(커피 자판기 옆에서 그 사람을 향해 불평하는 대신!). 약속을 잡아서 내 성과를 놓고 구체적인 대화를 나눠보자. 내 실력을 계발하는 일이 나에게 얼마나 중요한지 설명하고 두 달마다 내 성과에 대한 구체적인 피드백을 줄 의향이 있는지 물어봐야겠어.

상사에게:

시간을 내주셔서 감사합니다. 제 일과 관련해 이야기를 나누고 싶었습니다. 제가 이곳에 온 지도 어느덧 9개월이 되었는데 제 업무가 표준에 부합하는지, 어떤 점을 개선해야 하는지 파악하는 일이 정말로 중요하거든요. 의견을 들려주신다면 정말 감사히 듣겠습니다. 제게 피드백을 주실 의향이 있는지요?

여기서 우리는 상사가 하지 않고 있는 일보다 우리에게 필요한 것에 집중합니다. 우리에게 무엇이 중요한지를 표현하는 데 전념합니다. 우리의 욕구를 성공적으로 충족할 수 있도록 도와달라고 상사에게 실질적으로 요청하는 일도 염두에 두고요. 이런 초점의 변화는 우리가 서로 소통하는 방식에 뚜렷한 혁명을 일으킵니다. 욕구를 충족하고자 할 때 다음과 같이 시작하면 가장 효과적입니다.

> 저에게는 ~하는 것이 정말 중요합니다.
> 저에게는 전문적으로 성장하는 일이 정말 중요합니다. 혹시 ~해주실 의향이 있는지요?
> 과정을 이해하는 일이 정말 중요합니다. ~해주실 수 있을까요?

'당신이 ~하지 않아서'라는 표현을 사용해서 욕구를 충족하려는 유혹에 빠지지 마세요. 그렇게 말하면 상대방이 방어적으로 돌아서서 대화의 목적을 잃어버릴 겁니다.

우리는 상사가 피드백 요청을 받고 보이는 반응을 통제할 수 없습니다. 하지만 상사가 자신의 행동이 비난 받는다는 느낌이 들지 않게 우리의 욕구를 공개적으로 이야기해서 그들과 협력할 가능성을 높일 수 있죠. 느낌과 욕구를 결합하는 표현은 이해와 협업 가능성을 기하급수적으로 높입니다.

취약성의 힘

알아차림 의자에서 요구하는 또 다른 특성은 우리의 취약성을 보여주는 용기입니다. "취약성이 약점이라고 생각한다면 손을 들어주세요." 제가 다섯 개의 의자 프로그램에 참여한 분들에게 항상 묻는 질문입니다. 그러면 많은 사람이 취약성은 나약함이라고 생각한다면서 이렇게 대답하죠. "취약성은 우리의 무능력을 드러내요." "우리의 부족함과 실패를 보여주는 증거인걸요.", "취약성을 드러내면 우리는 조종당할지도 몰라요." "위험한 짓이죠. 사람들은 믿을 수가 없으니까요. 당신을 이용하려고 들 겁니다." "스스로를 보호해야죠."

진정성이 있다거나 진실을 말하는 행동이 일반적으로 순진함과 동일시되는 기업 세계에서 취약성은 나쁜 평판을 얻습니다. 만약 그렇게 처신하면 사람들이 우리를 이용하고 위험에 빠뜨릴 거라는 일반적인 믿음이 팽배합니다. 차라리 우리의 방어 시스템을 활성화하고 다른 사람들을 경계하며 조심하는 편이 더 합리적입니다. 결국 우리가 해야 할 일은 전문가가 되어 해결책을 제공하는 것이지 약점을 드러내는 것이 아닙니다.

왜 그럴까요? 솔직하고 진정성 있는 태도를 보였다가 데인 적이라도 있나요? 자라 보고 놀란 가슴 솥뚜껑 보고 놀라듯 우리가 취약성을 드러내면 고통스럽다는 확신을 일찍부터 가졌다면, 용기를 내어 다시 돌아보지 않는 한 그 믿음은 평생 우리 안에 남아 있을 수 있습니다. 하지만 용기를 내려면 안전한 환경과 깊은 신뢰가 필요합니다. 그렇지 않으면 추가로 고통이 뒤따를 위험이 무척 큽니다.

저자이자 연구자인 브레네 브라운(Brené Brown)은 취약성을 약점으로 바라보던 기존 관념을 완전히 뒤집었습니다. 사람들 수천 명과 인터뷰를 한 후에 그는 취약성이 사실 개인의 용기를 측정하는 매우 정확한 척도 중 하나이며, 취약성을 드러내면 실제로 관계를 구축하고 사람들을 더욱 효과적으로 이끄는 능력이 향상된다는 사실을 발견한 거죠. 취약성과 관련된 행동을 고려하면 이치에 꼭 맞는 얘기입니다.

다음은 취약성을 드러내는 행동으로, 다섯 개의 의자 프로그램 참가자들이 파악하고 브라운의 연구로 뒷받침된 목록입니다.

취약성은

- 메시지를 짜 맞추지 않고 정직하게 터놓고 말하기
- 마음을 있는 그대로 표현하기
- 부적절한 행동을 하면 '미안하다'고 사과하기
- '잘 모르겠다'고 말하며 거북해하지 않기
- 내가 틀렸다고 인정하기
- 자신의 민감한 문제를 공유하며, 그렇게 해도 안전하다고 느끼기
- 다른 사람들에게 나를 있는 그대로 보여주기
- 단지 다른 사람과 어울리기 위해 혹은 다른 사람의 기분을 맞춰 주려고 자신을 바꾸지 않기
- 어려운 대화를 시작하기
- 열린 마음으로 피드백을 듣기
- 위험을 감수하기
- 자신의 의견을 표현하기

- 불완전한 나 자신을 받아들이기
- 진정으로 책임지기
- 어려움을 받아들이기
- 권한과 책임을 나누기
- 가면을 벗기

이런 행동들은 사람의 머리보다 마음을 움직입니다. 우리는 인간이기에 완벽하지 않습니다. 모든 답을 알고 있지는 않거든요. 우리는 모두 실수를 합니다. 그러나 우리가 사는 세상에서는 부족함과 개인적 어려움을 공유하는 것이 무서운 일이 되었죠. 그래서 우리는 가면을 쓰고 우리 자신의 절반을 주차장에 남겨둔 채 출근하는 법을 배웠습니다. 아울러 경쟁심이 지나치게 발달해서 우리가 취약성을 표현해도 될 만큼 충분히 안전하다고 느끼지 못합니다.

그러나 취약성을 표현하고 공유하면 강력한 메시지가 전달됩니다. 그것은 내가 판단에 대한 두려움보다 더 큰 존재라는 것을 보여주죠. 말하자면 나의 개인적 모습을 공유한다 해도 두렵지 않으며, 당신과 더욱 깊이 연결되고 싶다는 뜻을 전달합니다. 당신을 신뢰하고 당신과 함께하고 싶다는 의미이기도 하고요. 이런 메시지는 사람들 사이에 강한 유대감을 심어줍니다.

인간으로서 우리는 마음속 깊은 곳에서 서로 연결되도록 빚어진 존재라는 것을 알고 있지만, 그 방법을 잊은 채 평생을 살아갑니다.

그렇긴 해도 우리는 또한 알고 있습니다. 우리가 강인한 자세로 개방적이고 정직하게 우리의 고민을 다룰 때, 이런 진정성이 우리에게 공감을 불러일으킨다는 것을요. 우리 안에 있는 이 인간다움에 다가갈수록 우리는 훨씬 더 개인적이고 심오한 수준에서 서로 연결되기 시작합니다. 더 자유롭게 베풀고 더 많은 풍요를 창조하죠.

취약성을 드러낼 용기가 있는 리더와 함께 일한 적이 있는지요? 여러분에게 조언을 구하고 자신의 걱정거리를 여러분과 공유하는 리더가 있습니까? 자신의 실수를 인정하길 꺼리지 않고 여러분의 실수에 관대한 사람은요? 자신의 권한을 아낌없이 여러분과 공유하고 여러분이 스스로를 소중하고 가치 있는 존재로 느끼게 만들어준 누군가가 있었을까요? 여러분의 행복과 경력 계발에 진정으로 관심을 보여준 사람은 누구인가요? 팀을 보호하기 위해 위험을 무릅쓴 사람이 있었나요?

그때 기분이 어땠습니까? 이런 일을 조직에서 얼마나 자주 볼 수 있나요?

그러자면 취약성을 내보일 수 있는 내적 강인함, 용기, 안정성 그리고 알아차림을 갖춘 리더가 필요합니다. 이런 리더는 내적 목적이 확고해서, 취약성이 가져다주는 신뢰를 깨뜨리려는 소수의 기회주의자들에게 위협을 받거나 좌절하지 않겠지요.

취약성을 공유하지 않을 때 생기는 영향

취약성을 공유하지 않으면 조직에서 어떤 모습으로 나타날까요? 대개는 의사소통이 조심스럽고 극도의 공손함으로 포장되어 보호를 위한 방어적 행동을 만들어냅니다. 실수할 위험을 줄이려고 일반적으로 일터에서 불확실성을 회피합니다. 결국 우리는 실패했다는 비난을 듣고 싶지 않

은 거죠. 편견, 판단, 비판이 일상의 대화에 스며들기 시작하면 위험도
가 높은 활동인 창의적 업무와 혁신을 기피하게 됩니다.

사람들이 취약성의 이점을 즐기고 이를 모방해도 안전하다고 느끼려면
조직은 용기 있는 리더가 모범을 보일 수 있는 안전한 환경을 조성해야
합니다. 그래야만 비로소 직원들이 잠재력을 최대한 발휘할 수 있습니다.

'새로운 사고' 연습-대담성

취약성을 내보이는 연습을 해보세요.

혼자서 그리고 팀과 함께 다음 질문을 읽고 심사숙고해 보세요.

- 말하고 싶어도 그러지 못한 건 무엇인가요? 그리고 누구에게요?
- 말하지 못하도록 나를 가로막는 것은 무엇일까요?
- 말하지 않으면 어떤 결과가 따라오나요?
- 의도하지 않았는데 말을 했던 경험이 있습니까? 그건 무슨 말이
  었고, 결과는 어땠나요?
- 상황을 개선하기 위해 지금 무엇을 해야 할까요?
- 팀에서 함께 이야기할 필요가 있는데 그러지 않는 대화는 무엇인
  가요?
- 왜 우리는 그렇게 하지 않을까요?
- 직장에서 어떤 이야기를 나누면 안전하지 않다고 느끼나요?

팀 취약성 연습

팀이 장벽을 낮추고 서로 더 큰 신뢰를 쌓을 수 있도록 돕는 효과적인 방법 중 하나는 개인의 우려를 체계적인 방식으로 서로 공유하도록 이끌어주는 겁니다. 팀원들 사이 오해를 풀고 서로의 이야기를 교환하기 위해 이 연습을 실천해 보길 추천합니다. 효과가 뛰어나고 오래 지속될 겁니다.

먼저 취약성을 화제로 꺼내 팀원들이 세션을 진행할 수 있는 분위기를 만듭니다. 그리고 취약성에 대해 어떻게 생각하는지 개인적인 의견을 공유해달라고 요청하세요. 취약성은 약점인가요, 강점인가요? 그들에게 취약성을 내보이는 행동이란 어떤 건가요? 취약성을 드러낼 때 따라오는 위험과 이점은 무엇입니까? 이렇게 취약성의 다양한 측면을 함께 탐색해 보세요. 그런 다음 아래 활동을 진행하며 의식적으로 서로 취약해질 수 있도록 안내합니다.

- 팀원들이 부족처럼 원을 그리며 둘러 앉도록 합니다.
- 원 중앙에 통을 놓습니다.
- 각자에게 팀 혹은 자신의 성과에 영향을 미치는 주제를 종이에 써달라고 요청합니다. 판단, 수치심, 창피를 당할까 싶은 두려움 때문에 공개적으로 표현한 적이 없는 주제들을 쓰도록 합니다.
- 모든 사람에게 종이를 접어서 통에 넣어달라고 합니다. 익명으로 진행합니다.
- 한 구성원에게 종이 하나를 무작위로 꺼내 그룹에게 읽어달라고 요청합니다.

- 참가자들에게 주제에 관한 이야기를 들을 때 각자 떠오르는 판단이나 의견을 의식적으로 기록해달라고 요청합니다.(기다림 의자 세션에서 148쪽 '생각의 안무를 짜는 능력'을 적용하세요.) 활동의 목적은 취약하되 열린 마음으로 제안된 문제를 탐색하는 것임을 팀에게 상기시킵니다. 여기서는 판단을 멈추는 것이 필수입니다. 부드러운 말로 일러주세요. "여기서 자칼은 사양합니다."
- 팀원 각자에게 열린 마음으로 선택한 주제를 탐구하자고 요청합니다. 이 활동을 연습하는 이유는 각 구성원이 마음을 열고 연결될 수 있는 안전한 장소를 함께 만들기 위해서입니다. 모든 사람에게 제안된 각 주제를 존중하고 자칼의 생각이나 행동을 삼가는 태도의 중요성을 다시 한번 알려주세요.
- 통 안에 있는 주제를 모두 다룰 때까지 이 활동을 계속합니다. 필요하면 팀의 모든 문제를 다루기 위해 추가 세션을 계획합니다. 모든 주제를 남기지 말고 다뤄주세요. 의미 있는 시간이 될 겁니다.

이 활동은 팀에 매우 효과적입니다. 구성원들이 두려움이나 수치심을 느끼지 않고도 체계적이고 보호받는 방식으로 깊은 우려를 표현할 수 있게 되니까요. 여기서 진행자가 맡은 핵심 역할은 분위기를 안전하고 투명하게 유지하는 겁니다. 각 팀은 저마다 초기에 편안하게 취약성을 나눌 수 있는 수위를 모색하는데, 그 수준은 연습을 거듭할수록 높아집니다. 사람들이 자신을 더 깊이 공유할수록 서로 간에 신뢰가 커지고 팀의 협업도 더욱 원활해지죠. 외부와 경쟁하려면 먼저 내부에서 신뢰를 다져야 합니다. 다시 말해 용기를 내어 서로에게 취약해져야 합니다.

내 목소리 내기

우리의 욕구를 표현하는 기술과 더불어 내 목소리를 내는 용기가 있어야 합니다. 여러분은 회의에서 논의되는 사안에 동의하지 않으면서도 표현하지 않은 적이 몇 번이나 있나요? 현실적이지 않은 마감일에 동의한 적이 몇 번이나 될까요? 누군가 정보를 숨기고 있다는 생각이 든 적은 없었나요? 아니면 동료가 업무 때문에 부당한 판단을 들었다고 여겨진 적은요? 그런 점에 대해 목소리를 내지 않아서 여러분과 팀과 회사가 치러야 했던 대가는 무엇이었습니까?

진정성 있는 태도가 늘 쉬운 일은 아닙니다. 위험을 감수해야 할 수도 있으니까요. 나는 어떻게 인식될까? 다른 사람들은 어떻게 생각할까? 이렇게 말해도 안전할까? 그러면 내게 불리하게 작용하지는 않을까? 권한의 차이가 있다면 더욱이 어려울 수 있습니다. 그러나 일단 문제를 꺼내놓고 다 같이 머리를 맞대면 효과적인 해결책을 찾고 적극적인 동의를 얻어서, 목표를 달성하기 위해 명확하고 실행 가능한 조치를 찾는 일이 훨씬 수월해집니다.

우리의 목소리를 찾고 삶에서 당당하게 목소리를 내는 것은 본질적으로 자신감과 자존감에 관련되어 있습니다. 자기 의심 의자 세션에서 우리는 자기 의심과 유해한 침묵이 우리 자신과 조직에 미칠 수 있는 부정적인 영향을 탐구했는데요. 알아차림 의자에서는 이런 사고방식을 치료하는 해독제를 개발합니다. 그래서 두려움을 극복하고, 침묵을 깨고, 우리의 역량을 인정하고, 확신과 정중함과 존중으로 우리의 진실을 말하기위한 첫 걸음을 내딛는 법을 익히게 됩니다.

알아차림 의자에서 우리는 적극적으로 자신의 목소리를 내는 법을 배웁니다. 다른 사람의 욕구를 존중하고, 동시에 자신의 권리를 지키며 마음을 표현하는 법을 알아갑니다. 그러려면 다음과 같은 능력이 필요하죠.

- 우리의 생각과 감정을 직접적이고 정직한 방식으로 터놓고 표현하는 능력
- 침착함을 잃지 않고, 호기심을 보이며, 질문하고, 사실과 의견을 분리하는 능력
- 다른 사람을 비난하거나 판단하지 않고 자신과 자신의 반응을 책임지는 능력
- 건전한 경계를 긋고 그 선을 지켜나가는 능력
- 갈등이 생길 때 해결책을 찾기 위해 노력하는 능력

먼저 말할 용기 찾기

가정과 조직에서 많은 오해가 빚어지는 건 의사소통이 원활하지 않기 때문입니다. 우리 모두는 이 부분에 책임이 있습니다. 우리가 서로의 차이점을 툭 터놓고 마주하지 않으면, 그 차이점들은 미래에 언제라도 다시 폭발할 준비가 된 채로 묻혀버릴 겁니다. 날것의 감정과 말로 표현하지 못한 문제를 적극적으로 해결하려면 정말로 용기가 필요하죠. 하지만 이 방법만이 조직과 가족을 정서적으로 '깨끗하고' 건강하게 유지하는 길입니다.

"우리는 더는 대화하지 않는다.""나는 2년 동안 아버지와 이야기를 나누지 않았다.""나는 그 사람과 함께 일하기를 거부한다.""다시는 그들

을 위해 아무것도 하지 않을 겁니다." 이런 말을 들을 때면 제 마음이 먹먹해집니다. 인생은 우리의 고통을 공유하고 우리의 차이점을 해결할 수 있는 기회로 가득 차 있습니다. 그러려면 연습과 기술이 필요한데 우리는 어디서부터 시작해야 할지 모를 때가 많지요. 무슨 말을 해야 할지도 막막하고요. 감정에 휩싸일 때면 우리는 포기하거나 폭발하거나 문을 닫아버립니다.

북받치는 감정 다루기

감정이 끓어오를 때 대처하는 방법을 찾는 것은 대화 중에 서로 연결된 상태를 유지하기 위한 필수 단계입니다. 우리 안에서 감정이 치미는 첫 징후가 나타나면 그 감정을 인정하고 여기에 이름을 붙여야 합니다. 앞서도 언급했듯 감정에 이름을 붙이면 우리를 지배하는 감정의 힘이 저절로 누그러지거든요.

우리가 서로에게 자극이 될 때 다음과 같은 표현과 질문이 연민을 유지하는 데 도움이 됩니다. 우리가 감정에서 벗어나 한 발짝 거리를 두고, 다시 초점을 맞추어 더욱 합리적인 사고와 행동으로 돌아갈 수 있도록 이끌어주죠.

- 상대방 감정을 인식하기:
  이것 때문에 좀 언짢으신 것 같네요.
  ~을 걱정하시는 것 같군요.
  회의감이 드시나봅니다.
  약간 혼란스러워 보여요.

걱정되세요?

실망했습니까?

- 자신이 다른 사람에게 미치는 감정적 영향을 인식하기:

  제가 의도한 건 아니지만 제가 당신을 화나게 한 것 같네요.

  제가 적절하지 않은 말을 했나 봅니다. 죄송합니다.

  혹시 저의 어떤 부분에 감정이 상하셨나요?

  제가 어떤 식으로든 불쾌감을 드렸을까요?

  제가 오해했나요?

- 공유된 감정을 인식하기:

  우리 둘 다 지쳤네요. 다음에 다시 이 문제를 이야기합시다.

  우리 둘 다 이 상황에 예민하게 반응하는 걸까요?

  잠시 휴식을 취하며 거리를 두는게 좋겠습니다.

  어떻게 생각하세요?

  대화가 과열되고 있네요. 잠시 쉬면서 마음을 비우는 건 어떨까요?

  여기서 우리가 길을 잃고 헤매고 있나요?

감정을 실시간으로 터놓고 말로 표현할수록 감정이 우리 사이의 걸림돌이 되는 일은 줄어들 겁니다.

주의: 이 방법은 여러분의 진정한 의도가 상대방과 연결되는 것일 때만 작동합니다. 상대방을 조종하려고 하거나 소통의 '기술'로만 사용하려는 신호가 포착되면 상대방과 쌓은 신뢰를 심각하게 훼손할 겁니다.

경계를 설정하고 '아니요'라고 말하는 법을 배우기

너 자신에게 진실하라.

• 셰익스피어

저는 영국에서 글로벌 임원 코치가 되기 위해 교육을 받던 중 영역 관리라는 개념을 처음 만났습니다. 그때까지는 의식적으로 개인의 경계에 대해 고민해 본 적이 없었거든요. 당시에 저는 사람들 기분을 맞춰주는 편이었고, 손해를 감수하면서까지 줄곧 타인의 욕구를 수용하려고 애썼습니다. 절대 이기적으로 보이고 싶지 않아서 저 자신의 욕구는 내내 뒷전으로 미루어놨는데, 시간이 지나고 보니 결국 아무것도 남은 게 없더군요. 누군가에게 부탁을 받으면 "아니요"라고 말하는 법이 제 사전에는 없었습니다. 다른 사람의 부탁을 거절했다면, 제가 어떻게 성과 점수를 모을 수 있었을까요! 사람들은 제 경계를 아무렇지도 않게 침범했습니다. 제게도 경계라는 것이 있다는 걸 그들은 모르더라고요. 제가 제 영역을 주장하지 않았으니 사람들이 제 영역으로 넘어오도록 허용한 셈이었죠! 하지만 한 에피소드로 모든 상황이 바뀌었습니다.

경력 초기에, 저는 지나치게 빡빡한 훈련 일정을 잠시 쉬고 시칠리아에서 두 달 동안 클럽메드 G.O.[1]로 일하기로 마음먹었습니다. 제 언어능력과 예능감각을 모두 갈고닦을 수 있는 좋은 기회였죠. 업무도 부담스럽지 않았습니다. 구슬(클럽메드 통화)을 팔고, 손님을 챙기고, 엔터테인먼

---

1   Gentile Organisatrice의 머리글자. '멋진 조직자'라는 의미로, 마을의 모든 생활과 활동에 참여하는 홀리데이 클럽 직원을 가리킨다.

트 팀 일원이 되어 일을 했거든요. 제 상사는 젊은 프랑스인 남자였는데 베테랑 G.O.였고, 클럽메드가 삶의 전부였죠. 게이였고 매우 재미있는 사람이었습니다. 저는 그를 무척 좋아했고, 우리는 서로 잘 지냈답니다. 제 생각에는 그랬죠.

시즌이 시작될 무렵, 한 시즌 동안 특별한 역할을 할 사람을 뽑는 오디션을 치르게 됐습니다. 경험이 풍부한 세미프로 재즈 가수이자 연극과 졸업생인 저는 풀 사이드 칵테일 시간에 발탁되어 야간 쇼에서 몇몇 주연을 맡게 됐습니다. 기뻤습니다. 음악과 연극은 저의 열정이었으니까요. 계약하고 3주 동안은 잘해냈어요. 사람들을 세심하게 대했고, 도움이 필요하면 사람들이 상사 대신 저를 찾을 정도로 인기도 많았고요. 어떤 부탁도 별 문제가 되지 않았습니다. 저는 잘해내고 있었죠. 적어도 제 생각에는 그랬습니다.

그러다 문제가 시작됐습니다. 저는 일련의 방해 공작의 희생양이 되었고, 결국 풀 사이드 가수 역할을 상사에게 빼앗겼습니다.(당시에 저는 제 상사도 가수라는 사실을 몰랐어요.) 저녁 공연도 줄었고, 무엇보다도 특히 업무를 시작하려고 풀 사이드에 도착해서 사물함을 열었더니 800유로 상당의 제 구슬이 전부 사라졌더라고요. 이 광경을 보고 제 기분이 어땠을지 상상할 수 있을 겁니다.

저는 친구가 된 상냥한 바텐더에게 위안을 얻으려고 바(bar)로 발길을 돌렸습니다. 그런데 바로 그곳에서 제 상사와 그의 오른팔인 여성이 계산대에 기대서 웃는 얼굴로 '그래서 이제 어쩌려고?'하는 표정을 지으며 저를 바라보고 있지 뭡니까. 그들은 충격 받은 저를 보란 듯이 즐기고 있더군요. 이 경험으로 저는 적절히 대처하기 힘들 만큼 큰 충격을 받았습니다. 벌건 대낮의 명백한 음모였으니까요. 훨씬 나중에 저는 클럽 G.O.로서 제가 거둔 성공이 내 상사의 자존심을 건드린 직접적인 위협이었으며, 그날 일은 제게 보내는 강력한 경고였다는 사실을 알게 됐습니다. 저는 어안이 벙벙하고 망연자실한 채 도저히 믿을 수가 없었습니다. 제 경계를 심각하게 침범한 사건이었으니까요. 어떻게 해야 할지 막막했습니다.

제가 고슴도치처럼 웅크리며 납작 엎드려야 했을까요? 뒷전에서 은밀히 저 자신과 다른 사람들에게 그를 가리키며 자칼의 말을 쑥덕거려야 했을까요? 아니면 그와 직접 얼굴을 마주 보고 이야기를 나눠야 했을까요? 그건 제가 결정할 일이었습니다. 삶은 제게 한 걸음 더 나아갈 기회를 제공했습니다. 제 자존감과 진실성이 위태로운 상태였죠.

그와 진지하게 대화를 나누어 본다는 선택이 지금은 당연해 보이건만, 그때는 제 레이더에 없었습니다. 그저 싸우기, 도망가기, 얼어붙기 사이를 맴돌 뿐이었죠. 혼란스럽고 모순된 생각이 수없이 오갔습니다.

결정적인 순간

돌이켜보면 그때가 제게는 결정적인 순간이었습니다. 인생은 종종 그런 순간을 선사하는데, 이는 우리에게 직면할 준비가 될 때까지 거듭 나타나는 시험이지요. 제게는 선택권이 있었습니다. 제 내면의 힘을 북돋아서 경계를 설정한 다음 그것을 알리거나, 제 힘을 휘두르고는 흠칫 놀라서 스스로 더 많은 폭력과 마주칠 수도 있었습니다.

제 마음은 48시간 동안 자칼과 자기 의심 사이를 들락거렸습니다. 그때는 다섯 개의 의자 프로그램을 만들기 전이었기에 제 마음의 역학을 인식하지 못했거든요. 그래서 자칼과 자기 의심에 단단히 사로잡히고 말았습니다! 화가 나다가, 낙심하고, 고립된 채 분개하다가 무기력에 빠지고 환멸을 느꼈습니다. 그 사람이 어떻게 나한테? 그들이 어떻게 이럴 수가 있어? 터무니없는 일이잖아, 왜 나야? 왜 나를 괴롭히는 거야? 나한테 무슨 문제가 있나? 어떻게 내가 실패할 수 있지? 나는 우리가 친구인 줄 알았어. 내가 정말 구슬을 모두 잃어버렸단 말이야?

혼란스러웠던 저는 필사적으로 명확함과 안도감을 찾았습니다. 저의 진실함을 지켜야 한다는 걸 알았지만, 한없이 두려웠으니까요. 어디서부터 시작해야 할지 몰랐습니다. 여기서 제가 배워야 할 교훈은 경계 설정이었거든요. 상사와 진지하게 대화를 나눌 필요가 있었는데 어떻게 다가가야 할지, 도통 감이 잡히지 않았습니다.

운 좋게도, 그때 클럽에서 휴가를 보내던 이탈리아 은행 매니저와 친구가 되었습니다. 놀랍도록 붙임성이 좋은 데다 수년간 리더십 경험도 쌓은 사람이었기에 저는 그에게 제 사정을 털어놓기로 마음먹었죠. 그는 곤경을 헤쳐나갈 수 있도록 저를 능숙하게 이끌어주었고, 제 곁에서 제가 위협적이지 않은 방식으로 두려움을 마주할 수 있도록 안전한 환경을 만들어주었습니다. 그와 나눈 대화는 제게 깊은 영향을 끼쳤습니다. 거기서 적극성 훈련을 위한 첫 번째 교훈을 얻었거든요. 저는 지금도 워크숍에서 그를 다정하게 언급합니다. 지지하는 리더십이 가져올 수 있는 실질적인 변화의 힘을 보여주는 사례로 말입니다.

그와 이야기를 나누면서 저는 개인적인 경계를 설정할 권리가 제게 있다는 사실을 깨달았습니다. 우리는 무엇이 나에게 허용되고 그렇지 않은지, 그리고 그 점을 다른 사람들에게 직접적이고 정직하게 전달하는 일이 어떻게 나의 책임인지를 두고 이야기를 나눴습니다. 또한 우리가 자신의 경계를 설정하지 않으면 우리의 자존감은 다른 사람에게서 나온다는 이치를 배웠습니다. '아니요'라는 말은 누군가를 거부하는 것이 아니라 자신을 보호하는 표현이고, 건강한 경계를 설정하기 위해서는 얼마간 이기심이 필요하다는 점도 차츰 깨닫기 시작했습니다. 나중에 저는 경계가 약한 사람들이 다른 사람들의 경계를 침범하는 경향이 있다는 사실을 목격했습니다.

저는 용기를 내어 책임 G.O.를 찾아가서 대화를 나눌 수 있는지 물었습니다. 이탈리아 친구의 조언에 따라 구슬을 찾지 못해 걱정스럽다고 밝히며, 늘 무척 조심했는데 어떻게 그렇게 구슬이 사라질 수 있는지 상상도 할 수 없었다고 말했습니다. 또한 제가 그의 기대에 미치지 못한 일이 있었는지도 물었습니다. 그는 대답은 하지 않고, 그저 제가 구슬을 어떻게 할 것인지 궁금해할 뿐이었습니다.

이런 대화의 결과에 실망감이 들었지만, 저는 상황에 정면으로 맞섰다는 점이 기뻤습니다. 그렇게 새로운 삶의 기술을 배우고 있었지요. 방해행위는 마치 산성비처럼 미묘한 방식으로 계속됐습니다. 결국 클럽 관리인에게 이 문제를 알려야겠다는 생각이 들었습니다. 그래서 제가 이러이러한 괴롭힘을 겪고 있어 불편하고 실망스럽다고 설명하고, 이런 일이 계속된다면 떠나겠다는 의사를 분명히 밝혔습니다. 이 말을 듣고 관리인은 저와 책임 G.O.를 함께 불러 삼자 회의를 열었습니다. 또 한 차례 중요한 대화를 나눈 자리였죠. 상황이 공개됐지만 매듭을 짓지는 못했습니다. 클럽 관리인은 제게 머물러달라고 요청했지만, 이미 신뢰는 깨진 뒤였습니다. 괴롭힘은 멈췄지만 저는 마음을 굳혔습니다.

클럽에서 보낸 마지막 날, 제게 잃어버린 구슬 비용을 지불하라는 요청은 없었습니다. 저를 괴롭히던 가해자들은 물러섰더군요. 마치 그런 일이 없었다는 듯이 행동하면서요. 저는 속이 매스꺼웠습니다. 그 모든 경험이 불쾌하게 느껴졌지만, 그래도 제게 귀중한 교훈을 가르쳐주었습니다. 사람들이 선을 넘으면 스스로를 위해 목소리를 내야 합니다.

"아니요"라고 말할 준비

살다 보면 "아니요"라고 말해야 할 때가 있습니다. 직장에서 종종 우리는 공식적인 역할에서 벗어난 일을 해달라고 요청을 받곤 하지요. 이런 요청을 관리하려면 과부하가 걸리지 않도록 스스로를 보호하는 조치와 다른 사람을 돕고 싶은 마음 사이에서 균형을 찾아야 합니다. 우리가 "아니요"라고 말하기로 결정했다면, 그 업무를 가리켜서는 '아니요'라고 대답하되 그 사람을 향해서는 '예'라고 말하는 기술을 배워야 합니다. 상대방이 우리가 일이 아닌 그들 자신을 거절한다고 느끼게 되면, 그들은 우리를 부정적으로 판단하고 선뜻 도우려 하지 않을 가능성이 큽니다.

누군가에게 요청을 받을 때 "예"라고 대답하기 전에 스스로에게 이렇게 물어보세요.

1. 정말로 이 일을 하고 싶은가?
2. 이 사람에게 정말로 필요한 건 뭘까? 융통성을 발휘할 수 있는 영역을 찾아보고 우선순위를 확인하세요.
3. 내가 이 사람의 요청을 거절하는 대신 다른 방법으로 들어줄 수 있을까? 혹시 다른 사람이? 아니면 다른 때에?
4. 어떻게 이 사람의 요청이 해결될 수 있도록 도울 수 있을까? 더 큰 목표를 설정하고 공통 관심사와 욕구를 찾아보세요.

대화 지능 구축하기

21세기 대화는 이렇습니다.

사람 A: 오늘은 어떠세요?
사람 B: 내 블로그를 읽어 봐요.

우리 삶은 수많은 대화로 채워집니다. 대화가 우리의 관계를 이끌어가죠. 그래서 형편없는 대화는 모호함과 비효율로 이어집니다. 효과적인 대화는 협업을 늘리고 효율성을 높여서 궁극에는 수익을 창출하고요. 그런 만큼 대화를 성공적으로 이끄는 능력은 모든 조직과 가정에 성공을 가져다주는 핵심입니다. 회사는 기본적으로 프로세스, 절차, 제품, 서비스, 이익으로 변환되는 수백 개의 대화입니다. 때로는 그렇지 않을 수도 있지만요.

대화의 '질'을 확인하기 위해 얼마나 자주 시간을 할애하나요? 대화가 우리 자신과 타인에게 어떤 영향을 미치는지 알고 있습니까?

직장에서 흔히 나누는 대화는 정보를 교환하거나 점수를 따려는 노력입니다. 복도에서 지나치며 스치듯 의견을 교환하죠. 부탁에는 강요의 에너지가 담깁니다. 나름대로 최선의 의도에도 불구하고, 우리는 피상적으로 듣고, 성급히 결론을 내리며, 끼어들어서 자신의 의견을 주장할 기회를 기다리곤 합니다. 그러다 상황이 달아 오르고 '자극'을 받았다 싶으면 총알이 날아다니기 시작하면서 우리는 이해관계를 방어합니다. '말도 안 돼.' '당신이 틀렸어.'

그러다 보면 종종 양극단에 서서 입장을 굳히고, 가장 빨리 '총을 뽑'거나 오래 버티는 사람이 승리합니다. 윌리엄 아이작스(William Isaacs)가 자신의 저서 《대화의 재발견》에서 언급했듯 "우리는 듣지 않고 재장전합니다." 이 경쟁적인 경기장에서는 잠깐 멈춰서 대화가 어떻게 전개되는지 그 역동성을 관찰할 겨를이 없습니다. 하지만 우리는 육체적으로, 또한 심리적으로 그 영향을 오롯이 느낍니다. 그렇다면 더 많은 시간을 할애해서 이 부분을 탐구해야 하는 중요한 이유는 뭘까요?

연구에 따르면 대화의 질은 모든 조직의 일반적인 성과에 광범위한 영향을 미칩니다. 의사소통이 원활하면 우리는 존중받고 가치 있으며 안전하다고 느끼죠. 참여하려는 욕구도 커지고 더욱 창의적인 방식으로 직장에 기여하고요. 반면에 대화가 매끄럽지 않으면 오해와 갈등이 증가하고 웰빙을 해치며 조직의 성과 저하로 이어집니다.

다섯 개의 의자 프로그램은 우리가 하루하루 대화를 어떻게 관리하는지 면밀히 들여다보고, 직장과 가정에서 맺는 관계에 긍정적인 영향을 미치도록 우리가 개입할 방법을 조사해 보자고 권합니다.

우리가 나누는 대화

우리는 매일 간단한 정보부터 어려운 메시지까지 폭넓은 범위의 대화를 나눕니다. 대화마다 도전의 수준은 무척 다양한데요. 직장과 가정에서 오가는 일반적인 대화의 예시를 몇 가지 들면 다음과 같습니다.

가벼운 잡담, 정보 교환, 해명, 질문, 간단한 대화, 의견 공유, 긍정적/부정적 피드백, 선택, 결정, 문제 해결, 동의/비동의, 실수 인정, 어려운 부탁, 나쁜 소식 전하기, 말다툼 뒤에 화해하기, 이슈 논쟁

대화가 어려울수록 더 많은 준비가 필요합니다.

돌파구 대화

이 절에서는 제가 돌파구 대화(Breakthrough Conversations)라고 부르는 기술을 터득하는 방법을 살펴보겠습니다. 돌파구 대화는 정서적 또는 정치적 위험이 높고, 그 결과가 우리에게 근본적인 영향을 미칠 수 있는 중요한 대화입니다.

실패할 위험이 높기에 우리는 종종 이런 대화를 기피하는데요. 잘못 다루면 감정에 휘둘려서 의사소통 방식을 과장하거나 실수를 저지르고 결국에는 갈등에 빠질 수 있습니다. 그래서 돌파구 대화를 견디지 못하고 회피하는 거죠. 하지만 이런 도전적인 대화야말로 정말 중요하고 우리 삶에 중대한 영향을 미칩니다. 그런 만큼 세심한 준비와 능숙한 관리가 필요합니다.

돌파구 대화의 목표는 다음과 같습니다.

- 우리를 갈라놓는 차이점을 살펴보기
- 서로 합의할 수 있는 새로운 방법을 탐색하기
- 함께 나아가기 위한 전략을 찾기

대화 블록

대화는 다양한 유형의 역동성으로 가득 차 있습니다. 일부는 미묘하며 무의식적이고 또 다른 일부는 노골적이며 명백하죠. 이런 역학은 대부분 우리의 실제 느낌과 생각을 은폐하거나 다른 사람들에게 강요하는 데 쓰입니다. 그래서 이런 역학관계를 알아채고 대화를 나눌 때 제어할 필요가 있습니다. 다음과 같이 잘 알려진 대화의 역학관계를 살펴보고, 여러분이 가장 많이 쓰는 유형을 찾아보세요.

잘 알려진 대화의 역학관계

체크박스에 표시해 보세요.

- ❑ 당신은 주제를 바꾸려는 경향이 있나요?

  누군가 어렵거나 민감한 주제를 꺼내면 그 주제를 바꾸려고 합니까?

- ❑ 당신은 능구렁이인가요?

  자신이 진정으로 느끼고, 생각하고, 믿는 것을 말하기보다는 농담, 지나가는 말, 빈정거림, 비웃음 등 간접적인 방법으로 메시지를 보냅니까?

- ❑ 당신은 미루는 편인가요?

  다른 사람과 논쟁하고 싶지 않을 때 이메일 응답이나 전화 회신을 미룹니까?

❏ 당신은 회피하는 편인가요?

논쟁거리가 있는 사람들과 의사소통을 해야 할 때면 사전에 피합니까?

❏ 당신은 숨기는 편인가요?

어색하거나 어려운 주제에 관해 이야기를 나눌 때 자신의 진짜 의견을 숨기는 경향이 있습니까?

❏ 당신은 유화형인가요?

어려운 메시지를 전달할 때 충격을 누그러뜨리는 도구로 때로는 진실되지 않은 칭찬을 사용합니까?

❏ 당신은 과장해서 말하는 편인가요?

때때로 의견을 더 강력하게 전달하기 위해 당신의 주장을 과장하거나 부풀립니까?

❏ 당신은 끼어드는 편인가요?

주변의 시선을 당신에게로 되돌리기 위해 끼어드는 방법을 씁니까?

❏ 당신은 큰 소리를 내는 편인가요?

다른 사람의 기여를 두고 "농담이겠지" "그건 미친 짓이야" "말도 안 돼"와 같이 강도가 센 '자칼'식 발언을 합니까?

❏ 당신은 공격하는 편인가요?

대화를 나누다가 흥분하면 애초의 주제에서 벗어나 사람 자체를 겨냥해 공격하거나 모욕합니까?

❏ 당신은 기권하는 편인가요?

당신은 다른 강압적인 사람들에게 굴복합니까?

이런 모든 역학관계가 의사소통에서는 일반적인 현상입니다. 대화의 흐름을 끊임없이 방해하고 의도를 모호하게 만들죠. 우리가 각자 어떤 역학을 사용해서 대화를 궤도에서 벗어나게 하는지 알면 의사소통의 효율성을 높일 수 있습니다. 시작한 사람이 우리 자신이건 다른 이건 간에 대화에 사용되는 역학을 더 많이 알아차릴수록, 대화는 더욱 효과적으로 흐를 겁니다. 여기엔 우리 자신의 책임이 있습니다.

돌파구 대화하기

돌파구 대화를 실천하는 방법을 알면 직장, 가정, 나아가 사회 전반에서 우리 삶의 많은 영역을 근본적으로 개선할 수 있습니다. 돌파구 대화에 능숙해지려면 세 가지가 필요합니다.

> **알아차림**: 대화에 들어갈 때 우리의 진정한 의도가 무엇인지 알아차리기
> **준비**: 아이디어를 전달할 때 우리의 생각과 언어를 구조화하기
> **현존**: 대화 도중에 감정적 반응을 관리하기 위해 지금 여기에 존재하기

돌파구 대화의 특징 네 가지

1. **위험성이 있다.**

   다음은 잠재적인 돌파구 대화의 예시입니다.

   - 동료의 저조한 업무 성과를 지적하기
   - 약속과 책무를 지키지 않는 팀원에게 일러주기
   - 상사에게 그의 행동과 관련해서 피드백을 해주기

- 팀원들과 그들의 성가신 행동을 두고 이야기 나누기
- 누군가에게 나쁜 소식을 전하기
- 의사결정 과정에서 자신의 견해를 고수하기
- 암시적으로 부적절하거나 불쾌한 발언을 하는 사람과 경계를 설정하기
- 누군가에게 또는 어떤 상황에서 "아니요"라고 말하기

2. **의견 차이가 상당하다.**

   대화에 참여하는 당사자들 사이에 의견이 어긋나거나 충돌하는 경우가 많습니다.

3. **감정적이다.**

   대화에 참여하는 사람들은 결과에 감정적으로 집착하는 경향이 짙습니다. 그리고 공격 의자나 자기 의심 의자처럼 강렬한 감정 상태로 순식간에 옮겨갈 수 있습니다.

4. **중요하다.**

   대화 내용이 당사자들에게는 굉장히 중요하기에 각자 많은 신경을 쓰고 시간과 에너지를 들입니다.

그래서 대화가 어려워지는 순간을 알아차리는 데 도움이 되는 **조기 경보 시스템**을 개발할 필요가 있습니다. 감정이 북받치기 시작할 때 여러분은 보통 어떻게 반응하나요?

심장박동이 빨라지나요? 피부 온도가 올라갑니까? 천천히 얼굴이 붉어질까요? 귀가 빨개지고 속이 뒤틀립니까? 손에 땀이 나나요? 목소리는

어떻게 바뀝니까? 일반적으로 행동은 어떻게 변하고요? 자칼 마인드 게임을 시작할까요, 아니면 물러서서 침묵할까요?

이런 반응들은 우리가 눈여겨 살펴봐야 할 신호입니다. 스스로가 자신의 반응을 알아차리면 이런 신호를 더 잘 관리할 수 있습니다. 또한 상대방이 보이는 신호도 더욱 수월하게 인식할 수 있고요. 그러면 긴장을 줄이는 데도 도움이 됩니다.

돌파구 대화를 어떻게 준비할 수 있을까요?

준비가 중요합니다. 제가 진행하는 임원 코칭은 대부분 수직적인 계층 구조의 모든 단계에 있는 동료 직원과 어떻게 중요한 대화를 나누어야 하는지를 중심에 둡니다. 성공적인 대화를 이어가려면 먼저 제가 대화의 영향 요소라고 부르는 지점들을 찾아야 합니다. 이 대화의 영향 요소는 제가 다섯 개의 의자 프로그램과 함께 개발한 3단계 대화 지능 모듈의 첫 번째 모듈을 구성합니다.

대화의 영향 요소

누군가와 돌파구 대화를 시작하기 전에 스스로에게 이런 질문들을 던져보세요. 대화 도중에 우리가 행동하는 방식에 잠재적인 영향을 미치고, 조건을 설정하는 요소를 살펴볼 수 있도록 도와주는 질문들입니다. 아울러 다섯 가지 특정 영역을 다루며, 답변을 통해 우리의 의도를 더욱 명확히 알려줍니다.

1 단계: 대화 전 질문

편견과 역사

- 내가 이 사람에게 편견을 품고 있지는 않은가?
- 나는 스스로에게 이 사람과 관련해 어떤 이야기를 하고 있는가? 또한 그 이야기는 어느 정도나 사실인가?
- 이 사람과 나 사이에 어떤 역사가 있나?
- 우리 관계는 현재 어떤 상태인가?
- 이 사람에게 접근하는 가장 효과적인 방식은 무엇인가?(직접, 간접, 감정적, 합리적, 분석적 등)

가정

- 이 사람은 현재 삶에서 어떤 특별한 도전을 앞두고 있는가?
- 그들의 기대, 능력, 욕구, 사각지대는 무엇인가?
- 내가 다루어야 할 주제에 관한 그들의 지식 수준과 전문성을 두고 잘못된 가정을 하고 있지는 않은가?
- 대화가 어떻게 진행되리라 예상하는가?

의도

- 이 대화에서 나의 진짜 의도는 무엇인가?
- 어떤 영향을 미치고 싶은가?
- 내가 원하는 결과와 내가 얻는 이익은 무엇인가?
- 상대방이 원하는 결과와 그들이 얻는 이익은 무엇인가?
- 관계를 위한다면 어떤 결과를 원하는가?
- 나는 얼마나 자신을 공개하거나 스스로에게 투자하고 싶은가?

- 내가 전달해야 할 메시지 중 가장 중요한 건 무엇인가?

감정/VUCA 요소

- 대화에 참여하는 내 기분은 어떤가? 자신이 있는가, 불안한가, 위협적으로 느끼는가?
- 나의 전반적인 상태는 어떤가? 흔들림 없는가, 부담되는가, 불안한가, 감정적인가?
- 대화 중에 나 자신에게서 어떤 감정적 반응을 기대하는가?
- 상대방은 어떤 감정적 반응을 보일 거라고 예상하는가?

준비

- 이 대화를 시작하기에 적절한 타이밍은 언제인가?(실시간이 아닌 경우)
- 어떤 말투가 도움이 될까?(확신에 차거나, 설득력 있거나, 사실에 기반하거나, 감정에 호소하는 말투?)
- 서로 잘 이해할 수 있도록 상대방에게 내 어휘력을 맞추어야 하는가?(전문성 수준, 모국어가 아닌 사람)
- 중립적인 언어가 아닌 판단적인 언어를 사용할 위험이 있는 지점은 어디인가?
- 안전한 대화 환경을 만들기 위해 내가 행동을 조정할 필요가 있는가?
- 내가 이 대화를 나누고 있다는 사실을 누가 알아야 하는가?
- 이 대화에 지원이 필요한가?

2 단계: 대화―다섯 개의 의자

실제로 대화를 시작하면 감정을 실시간으로 알아차리며 관리하는 것이 중요합니다. 이해관계가 깊고 중요한 대화일수록 감정에 쉽게 휘둘릴 수 있거든요. 이 지점에서 바로 다섯 개의 의자가 작동하기 시작합니다. 우리는 공격 의자나 자기 의심 의자에서 나타날 수 있는 부정적인 생각과 행동을 염두에 둡니다. 잠재적으로 우리의 의도를 방해할 수 있으니까요. 성공적인 결과를 이끌어내기 위해서는 기다림 의자, 알아차림 의자, 연결 의자의 기술을 모두 되살리는 데 집중하는 것이 중요합니다.

3단계: 대화 후 질문

돌파구 대화를 마치면 사후 분석이 필요합니다. 그래야만 대화가 얼마나 효과적이었는지 확인하고 해결해야 할 문제가 남았는지 식별한 다음, 거기서 얻은 교훈을 정리할 수 있습니다.

나를 위한 성공 요인

이 대화가 나에게 성공적이었는가?

내 의도를 달성했는가?

내 감정과 판단을 적절하게 관리했는가?

내가 말하고 싶었거나 말할 필요가 있었지만, 그렇게 하지 않은 것은 무엇인가?

말하고 싶지 않았는데 그렇게 한 건 무엇인가?

그들을 위한 성공 요인

상대방에게는 이 대화가 성공적이었는가?

그들의 요구가 해결됐는가?

대화를 마칠 때까지 그들이 답변을 얻지 못한 질문이 있었는가?

그들은 대화를 마친 후에 감정적으로 '깨끗'한 상태인가?(즉, 원한을 품지 않는가?)

독성 잔류물

대화가 나에게 '독성' 잔류물을 남겼는가? 그랬다면 어떤 감정이 남았는가? 의심, 괴로움, 슬픔, 분노, 짜증?

나를 정화하는 데 필요한 것은 무엇일까?

학습

이 대화에서 무엇을 배웠는가?

대화를 돌이켜봤을 때 다르게 해보고 싶은 부분이 있는가?

행동 계획

지금 행동에 나서야 할 조치는 무엇인가?

다시 대화하거나 상황을 개선하기 위한 보완 작업이 필요한가?

자신 있게 앞으로 나아갈 수 있는가?

제 고객들은 이런 접근방식이 매우 효과적이라는 사실을 알게 됐습니다. 중요한 대화를 앞두고 미리 대화를 살펴본다면, 대화에 나서는 의도를 되새기고 명료함과 자신감을 얻게 됩니다. 알아차림의 수준이 높아지면 감정이 격해질 때 이성을 잃지 않을 확률이 기하급수적으로 높아집니다. 저는 다섯 개의 의자 프로그램에서 돌파구 대화에 관한 기술을 위해 상당한 시간을 할애합니다. 효율적인 생활을 위한 기본 기술이죠.

알아차림 의자를 둘러싼 당부의 말

알아차림 의자에 앉아서 목소리를 내는 능력이 발달할수록 자신감과 자기주장이 커질 겁니다. 이럴 때 우리는 조심스레 천천히 나아갈 필요가 있습니다. 확신에 찬 행동과 공격적이거나 불쾌한 행동 사이의 경계는 얇으니까요. 주의를 기울이지 않으면 공격 의자 또는 자기 의심 의자로 다시 미끄러질 수 있습니다. 적극적인 자기표현은 결단력 있고 굳건한 동시에 정중하고 외교적입니다. 진정한 자기 확신에는 공격적인 요소가 없습니다.

결론: 알아차림 의자

알아차림 의자에서 계발한 자기 인식은 삶을 향한 자신감과 효율성을 제공합니다. 우리는 모두 리더입니다. 자녀, 동료, 친구, 배우자, 부모 등과 같은 사람들을 끊임없이 이끌게 되지요. 이런 생각을 하면 정신이 번쩍 듭니다. 그래서 여러분에게 직장과 가정에서 주기적으로 자문해 볼 수 있도록 다음과 같은 수호천사 질문을 제공합니다. 우리가 매 순간 성취하고 싶은 목표를 계속 자각하도록 돕게끔 설계된 질문입니다.

1. 여기서 내 **의도**는 무엇인가?
2. 나는 어떤 **영향**을 미치고 있는가?
3. 이 사람에게 또는 이 상황에서 **옳은** 것은 무엇인가?
4. 나는 지금 이 사람에게 **영감**을 주거나 이 사람을 **참여**시키고 있는가?
5. 나는 **떠넘기는가**, 아니면 **위임**하는가?

6. 다른 사람들에게 **보이는**, 그러나 내가 보지는 못하는 나의 **어떤 면**은 무엇인가?

알아차림 의자는 다른 사람을 통제하거나 우리의 에고로 밀어붙이는 공간이 아닙니다. 감정을 떠넘겨버리거나 미묘하게 다른 사람을 처벌하는 자리도 아닙니다. 자신을 기준으로 삼되 타인을 향한 존중을 담아 우리의 욕구를 긍정적으로 주장하고, 우리의 진실을 단호하게 밝히는 곳입니다. 알아차림 의자는 의식 있는 리더십의 초석입니다.

7장

다섯 번째 의자 – 연결 의자, 기린

다섯 개의 의자 중 마지막은 연결 의자입니다. 이 의자의 색채는 지혜, 명료함, 통찰력을 상징하는 쪽빛입니다. 우리가 진심으로 서로를 포용하려는 행동을 드러내 보이는 고귀한 의자이지요. 우리가 모두 직장에서, 가정에서, 그리고 나아가 삶에서 열망할 가치가 있는 의자입니다. 세계에 균형, 조화, 이해를 가져다주는 의자이니까요.

우리가 알아차림 의자에서 계발한 정서적 문해력은 연결 의자의 토대를 마련합니다. 이 의자의 원동력은 모든 협력과 공손함의 핵심인 공감입니다. 그래서 회의실, 가족 또는 사회 전반에서 갈등을 해결하는 열쇠를 제공합니다. 한마디로 평화를 위해 우리가 가진 최고의 알약이지요.

연결 의자에 앉으면 우리 자신에게서 다른 사람들에게로 초점이 옮겨갑니다. 이 의자에서 우리가 묻는 가장 중요한 질문은 다음과 같습니다.

'상대방에게 중요한 것은 무엇인가?'
'그들에게 필요한 것은 무엇인가?'

우리가 이 의자에 빗대어 은유하는 동물은 기린입니다. 이 거대하고 온화한 거인은 매우 사교적이고 평화적이죠. 사실 원체 사회적이어서 영역이 따로 없습니다. 모든 육지 동물 중에서 가장 큰 심장을 지녔고, 길고 우아한 목 덕분에 시야 또한 타의 추종을 불허합니다. 기린은 연결하고 보호하는 행동이 본능이며, 직감과 유연성으로도 높이 평가받는 동물입니다. 연결 의자를 위해 이보다 더 좋은 비유가 또 있을까요?

공감의 손길

연결 의자로 이동하면 우리는 공감의 세계로 넘어갑니다.

> 당신이 얼마나 신경 쓰는지 알기 전까지는
> 아무도 당신이 얼마나 알고 있는지 관심을 보이지 않는다.
> • 시어도어 루스벨트

이런 상황에 놓여 있다고 상상해 보세요. 힘든 한 주를 보냈습니다. 고객과 만난 일도 잘 진행되지 않았습니다. 장거리 비행을 했고 시차에 시달리던 참입니다. 시각은 정오이고, 마침내 당신은 편안함과 휴식을 기대하며 호텔에 들어섰습니다. 체크인을 하려는데, 아직 방이 준비되지 않았다는 안내를 받습니다. 지금까지 참을 만큼 참았습니다. 제기랄, 12시라고요! 여긴 왜 이 모양이죠? 당신의 자칼이 깨어납니다. 당신은 딱 보기에도 에너지가 바닥났고 스트레스가 머리끝까지 차올랐습니다. 예의 바르게 처신하지도 않고요. 목소리에 담긴 에너지는 접수원에게 특혜를 달라고 밀어붙입니다. 접수원이 다음과 같이 서로 다른 두 가지 반응을 보인다고 상상해 보세요.

1) 죄송합니다만, 14시 30분까지는 체크인을 하실 수 없습니다. 잠시 자리에 앉아서 기다려주시겠습니까?

2) 불편을 끼쳐드려 죄송합니다. 먼 거리를 여행하느라 피곤해서 얼른 씻고 쉬고 싶으실 텐데요. 저희도 다른 손님이 체크아웃 하길 기다리고 있습니다. 오래 걸리지는 않을 겁니다. 고객님 일을 최우선으로 처리해드리겠습니다. 그동안 라운지에서 잠시 기다려주시면 음료와 원하시는 다과를 제공하겠습니다.

이런 두 가지 반응이 돌아오면 기분이 어떨까요? 각각의 차이점은 뭘까요? 2)와 같이 말하는 데는 시간이 얼마나 걸릴까요? 2)처럼 반응하는 데는 약 15초밖에 걸리지 않지만, 거기서 나타나는 연결의 효과는 훨씬 큽니다. 배려가 담겨 있으니까요. 그래서 우리도 이해와 보살핌을 받는다고 느낍니다. 그렇게 우리의 감정 상태에 영향을 미치기에 우리가 침착함을 되찾고 더 잘 협력할 가능성이 큽니다. 이런 유형의 공감이 바로 치유입니다.

잘 훈련된 전문가라면 누구나 이렇게 할 수도 있을 겁니다. 특이할 게 없다고요. 그런데 서비스 산업, 특히 접객업과 판매업에서 일한 경험에 비추어보면 이런 태도는 전혀 일반적인 관행이 아닙니다. 이 사례를 특별하게 만드는 대목은 바로 여기입니다. '먼 거리를 여행하느라 피곤해서 얼른 씻고 쉬고 싶으실 텐데요.' 고객 경험에서 보면 이 부분이 누락될 때가 많습니다. 판매업과 접객업에서 일할 때, 직원들이 고객과 공감할 기회를 훌쩍 건너뛴 채 문제 해결 모드로 자동으로 넘어가는 경향을 곧잘 관찰하곤 했는데요, 왜 그럴까요? 직장에서 문제를 신속하게 '해결'하도록 훈련받기 때문입니다. 그렇다면 문제를 해결하기 전에 고객과 진정으로 연결되고 그들이 진심으로 '보살핌'과 '이해'를 받는다고 느끼게 할 수 있는 특별한 기회를 얼마나 자주 놓치고 있을까요?

공감은 관계의 연금술을 만드는 마법의 손길입니다. 정말로 차이를 만들 수 있습니다.

공감의 마법

저는 최근에 부모님을 뵈려고 케임브리지에 있는 집으로 돌아왔습니다. 아버지는 고관절 수술을 받고 회복 중이었지만, 어느 날 저녁에 우리는 외식을 하기로 했답니다. 금요일 밤이었고, 아버지는 외출해도 될 만큼 자신감이 붙기 시작했지요. 우리는 부모님이 자주 이용하시는 식당을 예약했습니다. 사람들이 붐빌 때를 피하려고 일부러 이른 저녁을 먹기로 했고요.

그런데 식당에 도착한 순간, 저는 가슴이 철렁 내려앉았습니다. 신부 파티가 한창이어서 떠들썩했기 때문이죠. 두말할 필요도 없이 그들은 아주 재미있게 놀고 있었습니다. 90대에 귀가 안 좋은 아버지는 주변이 소란스러우면 큰 불편함을 느끼시는데, 우리가 예약한 테이블은 숙녀들 바로 뒷자리였습니다! 테이블을 옮기거나 식당을 바꾸는 수밖에 없었는데, 직원이 친절해서 우리는 이 식당에 머물기로 했습니다.

레스토랑을 가로질러 뒤쪽에 있는 다른 테이블로 갔더니 새로운 직원이 우리를 맞이하더군요. 저는 그의 따뜻하고 정중한 태도와 우리를 반기는 미소에 그만 감동을 받았습니다. 우리가 자리에 앉자, 그는 즉시 메뉴를 건네고 물과 빵을 제공했습니다. 그다음에 일어난 일은 그 어떤 직원의 인내심도 시험에 들게 할 만했습니다. 삶의 불완전성과 성가심을 다룰 수 있는 능력에 따라 다르긴 하지만요.

레스토랑은 어두웠고, 우리 테이블의 천장 조명은 고장이 난 상태여서 별 도움이 되지 않는 상황이었습니다. 아버지가 메뉴를 읽으려고 애를 쓰고 계시더라고요. 제가 막 그 모습을 알아챈 순간, 제 얼굴에서 걱정하는 마음을 읽은 직원이 손에 든 휴대폰을 재빨리 손전등 모드로 전환해서 아버지 메뉴 위로 내밀었습니다. 저는 그 사려 깊은 행동에 감사한 마음을 전했죠. 그러고는 제 휴대폰을 꺼내 그 직원의 수고를 덜어주려 했지만, 도저히 손전등 모드를 찾을 수가 없었습니다. 생각해 보니 여태 그 기능을 사용해 본 적이 없는 거예요.

밀레니얼 세대 앞에서 제 무지가 드러났다는 생각에 약간 부끄러워서 조바심을 내고 있자니, 젊은 직원이 재빨리 제 곁으로 다가와 묻더군요. "제가 도와드릴까요, 고객님?" 그래서 그에게 제 휴대폰을 건넸더니, 그는 그저 손전등 모드를 켜서 문제를 해결하고 끝내는 대신, 몸을 숙여 제게 손전등 모드를 찾는 법까지 알려주었습니다.

그 와중에도 어머니는 좌석 배치가 마음에 들지 않는 눈치셨어요. 눈살을 찌푸리며 눈에 띄게 불편해하시더라고요. 이미 마음속으로 저는 주방에 전달되는 메시지를 상상했습니다. "3번 테이블을 조심하세요! 진상고객이에요." 그런데 엄마의 불편한 기색을 알아차린 직원이 짜증스런 티 한 번 내지 않고 즉시 우리에게 더 잘 맞는 옆쪽 테이블로 자리를 바꾸자고 제안하는 겁니다. 그러더니 얼굴에 미소를 지으며 모든 식기를 몇 초 만에 다 옮겼습니다. 더구나 그에게는 이 모든 일이 수월한 듯 보였어요. 저는 그가 어떤 행성에서 내려왔는지 궁금해지기 시작했습니다. 사려 깊은 작은 행동, 친절한 세심함, 찡그리지 않는 표정. 그 직원 덕분에 저와 연로한 부모님의 저녁 시간이 즐거워졌지요. 그는 부모님의 연약함과 제 걱정을 모두 이해했습니다.

디저트를 먹을 준비가 되었을 때 저는 또 다른 즐거운 만남을 기대하며 그 젊은 직원을 찾아 두리번거렸답니다. 그런데 그는 이미 퇴근한 뒤여서 무척 서운하더군요. 제게 깊은 인상을 남겼으니까요. 몇 마디 말과 몸짓, 진심을 다해 배려하는 태도만으로도 그 젊은이는 제게 감동을 안겨주었습니다.

이 세상에서 공감 한 스푼은 큰 힘이 됩니다. 위안을 주면 문제가 해결되죠. 달라이 라마는 단 20분의 순수한 공감만으로도 마음 깊은 곳에 깃든 고통과 아픔을 치유할 수 있다고 말합니다.

여러 분야에 걸쳐 다양한 조직과 수년간 일한 경험을 돌아보면, 오늘날 직장에서 가장 찾아보기 힘든 것이 공감이었습니다. 우리는 개인 브랜딩과 가상 소셜미디어 커뮤니케이션이 주도하는 초개인주의 시대에 살고 있는데요. 그 속에서 우리 에고는 끊임없이 부풀려지고 우리 관계는 '좋아요'나 팔로워 수로 평가됩니다. 이는 협업 과정에서 '우리'라는 요소에 영향을 미치고 있습니다.

우리는 관심과 배려를 우리 삶, 특히 조직 안으로 다시 들여와야 합니다. 우리가 너무 빨리 움직여서 더는 서로를 '바라볼' 수 없습니다. 진정한 연결이 없으면 모든 관계의 질이 심각하게 떨어질 위험이 있습니다.

우리에게 공감은 도전 과제입니다. 우리의 에고를 제쳐두고 다른 사람들에게 조명을 비춰준다는 의미이니까요. 시간이 늘 부족하고, 스트레스는 쌓여만 가고, 다른 어느 때보다도 개인주의가 왕이 된 VUCA 세계에서 살아가는 대부분의 사람에게 공감은 직관적이지 않고 상당히 복잡한 행위입니다.

연결 의자는 의식적인 공감을 통해 관계를 더 높은 수준의 이해와 연결로 끌어올리는 데 중점을 둡니다. 때로는 우리의 젊은 영웅인 그 직원이 보여준 것처럼 작은 관심과 배려, 그리고 연결하려는 의지만 있으면 됩니다.

그렇다면 직장과 가정에서는 이 공감을 어떻게 더 발전시킬 수 있을까요? 여기에 앞장서는 몇몇 선구적인 기업이 있습니다. 이를테면 구글은 직원들에게 마음챙김과 공감 교육을 제공합니다. 프레데릭 라루(Frederic Laloux)는 자신의 저서 《조직의 재창조》에서 사람들이 신념체계를 바꾸어 강력한 방식으로 협력하기 때문에 근본적으로 더 생산적인 조직 모델을 갖춘 조직을 추적했습니다. 그 결과, 이런 조직들은 경쟁에서 이기고 이익을 늘려서 시장점유율을 확보하는 비법을 찾는 대신, 권력 계층구조를 없애고 중립적인 계층구조와 높은 수준의 신뢰, 참여, 자기 관리를 바탕으로 움직이는 자기 조직화 팀(self-organizing teams)을 도입하고 있더군요. 이런 조직의 구성원들은 진정으로 연결되며 서로를 소중히 여겼는데, 이런 모습은 그들의 기하급수적인 성공으로 나타납니다. 그 성공의 상당 부분은 깊은 공감을 실천하는 포용적인 사고방식을 계발할 수 있는지 여부에 달렸습니다.

공감의 역학

> 그 사람의 관점에서 세상을 바라보기 전에는
> 그 사람의 피부 속으로 들어가 그 안을 돌아다니기 전에는
> 그를 진정으로 이해하는 것이 아니다.
>
> • 하퍼 리, 《앵무새 죽이기》 중에서

공감이 천천히 조직의 레이더 안으로 들어오고 있지만, 아직은 광범위하게 실천되거나 훈련이 필요한 기술로 간주되지는 않습니다. 왜 그럴까요?

앞서도 언급했듯 공감은 개인주의적 경쟁, 에고 중심적 욕망 및 행동과 충돌하는 경향이 있습니다. 특히 주로 성과를 이끌어내는 데만 관심이 많은 치열한 조직에서는 여전히 '예민한 주제'로 여겨집니다. 하지만 공감하지 못하면 서로에게 감정적으로 무뎌지고, 조직이 성공을 거두는 진정한 동력인 인간관계를 온전히 발전시키지 못합니다. 최근 수많은 새로운 연구에서 공감을 실천하면 곧바로 매출 증가와 성과 향상으로 연결되는데, 다양한 배경의 사람들로 구성된 조직에서는 더욱이 그렇다는 사실이 입증되고 있습니다. 그렇다면 공감이란 정확히 무엇일까요?

공감과 그 친구들

공감을 연구하는 동안 저는 그것의 정의가 무수히 많아서 깜짝 놀랐습니다. 그러나 한 가지, 공감이 없다면 우리는 큰 곤경에 처할 거라는 점만은 분명했습니다. 안토니오 다마지오(Antonio Damasio) 박사는 자신의 저서 《데카르트의 오류》에서 공감과 관련된 뇌 부분에 손상을 입은 의

료 환자는 추론과 학습 능력이 온전히 남아 있는데도 인간관계 기술에서 상당한 결함을 보인다고 설명합니다. 다섯 개의 의자와 관련해서 동정, 공감, 연민의 정의를 다음과 같이 구분해 보면 도움이 될 듯합니다.

동정(Sympathy)은 다른 사람을 향해 가련한 마음, 슬픔과 비애의 감정을 표현하는 것을 말합니다. "어머, 너 너무 안됐다. 그런 일을 겪다니 유감이네." 여기서 초점은 다른 사람이 아닌 우리 자신의 내면에 맞춰집니다. 동정심은 상대방이 어떻게 느끼고 무엇이 필요한지 이해했다는 것을 보여주는 마음 상태가 아닙니다. 우리가 상대방을 향해 느끼지만 그가 공유했다고 보기는 어려운 우리 자신의 감정적 반응을 드러내는 표현입니다.

공감(Empathy)은 다른 사람의 처지가 되어 그 사람의 눈으로 세상을 바라보며 그 마음 상태를 이해하는 능력입니다. 그런 만큼 다른 사람의 느낌과 욕구를 이해해서 그들이 필요로 하는 부분에 적절하게 대응하는 동시에, 그들의 고통이 나의 것은 아님을 자각하고 있는 상태입니다.

연민(Compassion)은 누군가의 고통을 함께하고, 그들에게 관심을 보여주고, 상대방의 고통을 덜어주기 위해 돕고 싶다는 강한 욕구를 느끼는 마음입니다. 그러므로 공감의 필수 요소입니다.

일상의 공감을 알아보는 간단한 테스트

여러분이 기차를 타려고 역에 들어섰는데 노숙자가 여러분에게 다가와 돈을 요구한다고 상상해 보세요. 이럴 때 여러분은 어떻게 반응할까요?

1) 짜증이 나서 '나를 귀찮게 하지 말고 당신 인생에 도움이 되는 일을 찾아보는 건 어때?'라는 표정을 지어 보이며 기차를 타기 위해 얼른 이동할까요?

2) 이 상황이 불편한가요? 다른 사람들이 쳐다봐서 당황스러운가요? 그래서 고개를 숙인 채 눈을 마주치지 않고 지나갑니까?

3) 노숙자를 보니 안타깝고 불편한 마음이 들어서, 그런 심정을 달래고 죄책감을 없애려고 그들에게 50센트를 줄까요?

4) 그 사람의 삶, 즉 노숙자가 되어 밤거리에서 잠들고, 그들의 처지를 이해하지 못하는 사람들에게 매일 외면당하는 삶이 어떠할지 상상해 보나요? 그들의 감정과 연결되어 함께 느낍니까?

5) 그들의 상황을 더 잘 이해하고 그들에게 가장 필요한 것이 무엇인지 알아내기 위해 그들에게 커피를 마시자고 제안하거나 대화를 나눌까요?

6) 그날 기분에 따라 행동이 달라집니까?

여러분의 반응이 4) 또는 5)라면 공감을 표시하는 겁니다. 상대방의 욕구에 적합한 방식으로 반응하기 위해 상대방 관점에서 상상하려고 노력하는 겁니다.

공감은 왜 그렇게 어려울까요?

인간은 우리가 '우주'라고 부르는 전체의 일부이며 시간과 공간의 제약을 받는 존재입니다. 사람은 자신의 감정과 느낌을 나머지 부분과 분리된 것으로 경험합니다. 이것은 일종의 의식의 시각적 망상이라고 할 수 있습니다. 이 망상은 우리가 개인적인 욕망만 추구하고 우리와 가장 가까운 몇몇 사람에게만 애정을 쏟게 제한하는 일종의 감옥입니다. 우리의 임무는 모든 생명체와 자연 전체를 그 아름다움으로 포용하기 위해 연민의 범위를 넓혀 이 감옥에서 벗어나는 것이어야만 합니다.
• 알베르트 아인슈타인

우리는 모두 공감 능력을 지니고 태어났습니다. 아기들은 공감 능력을 자연스럽게 표현합니다. 하지만 성인이 되면 우리는 대부분 감정적 취약성을 드러내거나 우리가 흔히 약하다고 정의하는 감정을 인정하기보다는 숨기기 위해 뭐든 할 겁니다.

여러 수상 경력에 빛나는 교육자이며 아동 옹호자이고 사회적 기업가인 메리 고든(Mary Gordon)은 자신의 획기적인 교육 프로그램이자 저서인 《공감의 뿌리》에서 이런 사실을 입증했습니다. 그는 유치원생부터 14세까지 전 세계 어린이들을 대상으로 관계 구축의 기초가 되는 기술을 가르치고 있는데요. 이 교육은 아이들이 자신의 감정을 표현하고, 다른 사람의 감정을 이해하며, 다른 사람이 표현한 감정에 공감적으로 반응하는 능력을 계발하는 프로그램입니다.

프로그램은 일 년에 걸쳐 3주마다 교실을 방문하는 유아와 부모를 중심으로 돌아갑니다. 숙련된 강사가 아이들에게 아기의 발달 과정을 관찰하고 아기의 감정에 이름을 붙이도록 지도하지요. 이 경험적 학습에서 아기는 '교사'이고, 또한 강사가 아이들에게 자신의 감정뿐 아니라 다른 사람의 감정도 식별하고 성찰하도록 돕기 위해 사용하는 지렛대입니다. 이때 아이들은 '체인저'로 간주됩니다. 아이들이 자신의 감정은 물론 다른 사람의 감정을 이해하는 데 서서히 능숙해질수록 괴롭힘이나 잔인한 행동으로 서로에게 신체적, 심리적, 감정적 상처를 줄 가능성은 줄어들죠.

프로그램에 참여하는 동안 아이들은 실제로 학교에서 발생하는 폭력과 불의에 도전하는 방법을 배웁니다. 공감의 뿌리 프로그램을 평가한 연구 결과를 보면, 아이들의 공격성이 크게 감소하고 친사회적 행동이 증가했습니다. 이 프로그램에서 가르치는 정서적 문해력은 더욱 안전하고 서로 배려하는 교실을 만들기 위한 토대를 마련합니다. 고든의 작업에서 배울 점이 많습니다.

그렇다면 어른이 된 우리의 공감 능력은 왜 그렇게 손상됐을까요?
공감은 대체로 우리를 익숙한 안전지대 너머로 밀어붙입니다. 다른 사람들을 이해하고 지원하기 위해 온전히 마음을 열 때 우리는 미지의 영역으로 이동하는데, 그곳 삶이 더는 '우리 쪽 조건'과 맞지 않는 거죠. 공감 능력이 뛰어나지 않는 한, 우리보다 다른 사람을 우선시하면 자동으로 우리 자신은 불확실성에 노출될 수밖에 없습니다.

타인에게 공감하려면 편견, 선입견, 고정관념에서 벗어나야 합니다. 페마 초드론(Pema Chodron)이 자신의 저서 《불확실성과 변화 속에서 아름답게 살기(Living Beautifully with Uncertainty and Change)》에서 언급한 구절인 "날것 그대로의 날카롭고 예측할 수 없는 삶의 에너지"를 우리의 선호와 상관없이 포용할 수 있는 자신감이 우리에겐 필요합니다. 호기심을 잃지 않고, 관심을 보여주며, 무엇보다도 서로에게 예의를 갖추어 행동하는 것이 중요합니다. 공감은 또한 우리가 상대를 좋아하건 싫어하건 간에 이런 태도를 유지하라고 요구합니다. 동료나 팀원을 선택할 기회가 흔치 않은 직장에서 공감은 도전입니다.

서비스업에 종사하는 사람들은 매일 그들 안에서 공감을 불러 일으키게 됩니다. 다른 사람을 위해 서비스한다는 건 피부색, 행동, 태도, 언어, 종교, 정치적 성향 등이 다양한 모든 사람에게 문을 연다는 의미이고, 동시에 그 과정에서 자기 자신을 관리한다는 뜻이기도 하거든요. 다양성이 가져다주는 거북함과 낯섦을 받아들일 수 있는 높은 수준의 호기심이 필요합니다.

살아 있는 공감

뛰어난 공감 능력을 보여주는 사람들을 직접 관찰해 보니, 다음과 같은 행동이 서로 맞물려서 작동하고 있었습니다.

1. 에고 내려놓기
2. 현존
3. 상상력과 관점 취하기
4. 공감적 경청

1. 에고 내려놓기

앞서 언급했듯 공감을 실천하는 건 대단히 관대한 행위입니다. 스티븐 코비가 소개한 개념인 '심리적 공기'를 다른 사람에게 불어넣기 위해서는 잠시 자신의 에고를 뒤로 미루고 자기 중요도를 낮출 필요가 있습니다. 그래서 공감을 실천하려면 '서비스' 마인드와 방향성이 필요하죠. 다시 말해, 다른 사람이 삶의 난관과 그 반응을 겪는 동안 기꺼이 그 사람에게 '봉사'하려는 마음가짐이 필요합니다.

우리는 잠시 에고를 내려놓는 일을 얼마나 잘해내고 있을까요? 다른 사람의 느낌과 욕구를 탐색할 때, 우리 자신의 느낌과 욕구는 잠시 뒤로 미루어둘 수 있습니까?

우리의 일상 대화는 상대방의 처지가 어떤지 진정으로 이해하기보다는 교대로 독백하는 모양새인 경향이 있습니다. 코비가 지적했듯, 종종 우리의 우선순위는 '다른 사람을 이해하는 것보다 다른 사람들에게 이해받는 것'입니다. 게다가 우리가 의도적으로 다른 사람에게 관심을 기울일 때도 우리 에고에 대한 생각이 얼마나 빨리 중심 무대로 돌아와 다시우리 자신에게로 시선을 돌리곤 합니까? 그만큼 다른 사람과 공감을 나누려면 진정한 집중과 현존이 필요합니다.

2. 현존

무엇인가를 하려 하지 말고, 그저 거기 있으라!

• 부처

누군가에게 공감할 때 우리는 모든 의사소통 채널, 귀, 눈, 머리, 마음을 열고 그들이 간직한 경험, 느낌, 욕구가 무엇인지 깊이 헤아려야 합니다. 미어캣의 행동을 지켜보면 배울 수 있습니다. 이 작은 동물이 얼마나 세심하고 고요하게 보초를 서는지 한번 보세요.

오스트리아 출신 유대계 종교철학자이자 심리치료사인 마르틴 부버(Martin Buber)는 "현존은 한 사람이 다른 사람에게 줄 수 있는 가장 값진 선물"이라고 말했습니다. 우리가 진정으로 다른 사람과 함께 존재하고 그들의 느낌과 욕구에 오롯이 집중할 때, 그 사람은 스스로 더 높은 수준의 의식을 만나고 더 깊은 자기 이해에 도달할 수 있습니다. 이 경험은 그 사람이 긴장을 풀고, 안도감을 경험하며, 문제를 해결하는 데 때때로 도움을 줍니다. 우리도 대부분은 살면서 이런 경험을 한 번쯤 해봤을 겁니다.

공감을 실천하는 데는 인내와 꾸준함이 필요합니다. 누군가 울음을 터뜨리거나 폭발할 때 창피해하거나 남의 눈을 의식하지 않고 그 사람과 함께 앉아 있을 수 있는 용기, 자기 성찰이 끝나서 다시 세상에 마음을 열 준비가 됐다는 상대방의 신호를 기다릴 수 있는 인내, 이런 역량을 기르려면 시간이 필요한데 "시간이 없다"는 말을 주문처럼 외우는 이 세상에서 우리는 대부분 우리에게 그럴 수 있는 시간이 있다는 사실을 믿지 않습니다. 그러나 사람이 우리의 가장 중요한 자산이기에 여기에 시간을 쓰는 것이야말로 훌륭한 투자입니다. 돌봐주는 다른 존재가 있을 때 고민을 해결할 확률은 혼자일 때보다 열 배 더 높습니다.

우리 대부분은 타인을 공감하는 데 능숙하지 않습니다. 다른 사람의 욕구를 이해하기보다는 우리 자신의 욕구를 파고들기 마련이죠. 그래서 우리가 **지금 바로** 적용할 수 있고, 다른 사람에게 공감하는 수준을 자동으로 높일 수 있는 연습이 있습니다. 그 첫 번째 단계가 공감에 방해되는 요소를 줄여가는 겁니다.

공감을 방해하는 요소

어떤 사람이 속상해하거나, 이야기를 나누고 싶어 하거나, 자신의 고통과 혼란스러움에서 잠시 한숨 돌릴 틈을 찾고 있다면, 이 순간이 우리가 공감으로 나아갈 수 있다는 신호입니다. 여기서 우리는 문제를 누그러뜨리거나 해결책을 찾기 위해 미지의 영역으로 떠나는 그 사람과 잠시 동행하는 임무를 맡습니다. 주의가 산만해져 툭하면 공감자의 역할에서 벗어날 수 있기에, 결코 쉬운 임무는 아닙니다. 사람들이 난관에 부딪혔을 때 우리는 흔히 이렇게 대처합니다.

> **조언**: ~하는 게 어때, 난 네가 ~해야 한다고 생각해.
> **설명**: 내가 알기로 그건….
> **내 이야기를 들려주기**: 네 이야기를 들으니 내가 ~했던 때가 떠오르네. 나한테 무슨 일이 있었는지 한번 들어봐!
> **동정**: 딱하기도 하지. 그래도 힘내서….
> **최소화**: 걱정 마. 곧 괜찮아질 거야.
> **바로잡기**: 내 생각에는 네가 잘못 받아들인 것 같아. 아마도 그들이 의미한 건….
> **차단**: 자, 힘을 내. 별일 아니야.
> **불행 경쟁**(한술 더 뜨기): 넌 지금 상황이 나쁘다고 생각하는데, 나한테 일어난 일과 비교하면 그건 아무것도 아니야.
> **심문**: 정확히 무슨 일이 있었던 거야? 그런 지는 얼마나 됐어?

이렇게 반응하는 이유는 누군가 어려움에 처했을 때 그 문제를 '해결'하는 것이 우리의 역할이자 책임이라고 믿기 때문입니다. 때때로 우리는 사람들이 스스로 문제를 풀어나갈 해답을 알지 못하기에 대신 문제를 해결해줄 다른 사람이 필요하다고 가정하지요. 실제로 갈등의 시간을 보내는 사람들에게 진정으로 필요한 건 자신만의 해결책을 찾을 수 있는 정신적 여유와 따뜻한 관심을 가져주는 존재입니다.

난관에 부딪혀 내면에서 무슨 일이 일어나고 있는지 이해하려고 할 때, 우리는 감정과 생각을 벗겨내고 문제의 핵심을 파악할 수 있어야 합니다. 이 과정은 귀중하지만, 대개는 힘든 시간입니다. 비틀거리며 헤매고, 불확실성과 취약성을 정면으로 마주해야 하기 때문이죠. 때로는 감정과 생각을 처리하는 동안 긴 침묵의 시간이 필요할 수도 있습니다.

상대방이 우리의 침묵을 불편해하고, 자신의 당혹감을 감추기 위해 방금 소개한 방해 요소로 침묵을 채우려 한다면 우리의 집중은 쉽게 깨지고 맙니다. 우리가 '고민거리'에 파고들 때 우리 말을 듣는 사람이 우리의 침묵을 편안하게 받아들이고, 우리가 탐색하는 동안 인내심을 발휘해줄 수 있는지 알아야 합니다. 우리가 우리 나름의 과정을 밟아나갈 때, 우리 말을 들어주는 이의 욕구까지 헤아리고 싶지는 않으니까요. 그러려면 안전하고, 세심하며, 든든한 동행이 필요합니다.

다른 사람이 스스로 문제를 풀어갈 때 한발 물러서서 안전한 공간을 만드는 법을 배울 수 있을까요? 그들의 기분이 나아지게 해주려고 대화에 불쑥 끼어드는 행동을 자제할 수 있습니까? 그 과정에서 우리가 느낄 불편함을 의식적으로 다스릴 수 있나요? 요청하지 않은 조언이나 해결책을 건네고 싶어도 참을 수 있는지요?

당부 한마디

주의가 산만해지면 타인에게 공감하려고 들지 마세요. 자신의 말을 띄엄띄엄 듣는다는 느낌이 들면 상대방이 고통스럽습니다. 누군가에게 우리가 하는 말을 들어줄 시간이 없다는 것을 알아차릴 때 불안해지는 마음을 우리도 모두 경험해 봤을 겁니다.

누군가에게 당신의 공감이 필요할 때, 프로세스에 들어가기 전에 먼저 자신이 어떻게 느끼는지 확인해 보세요. 공감을 실천하는 데는 현존, 집중, 에너지 그리고 마음이 필요합니다. 스스로에게 물어 보세요.

- 나는 지금 침착하고 수용적인가?
- 내 문제에 사로잡혀 있는 상태인가?
- 나는 이 사람과 함께 지금 이 순간에 온전히 몰입할 수 있는가?

의심이 든다면 시작도 하지 마세요. 얻는 것보다 잃는 게 더 많을 수 있습니다. 대신 상대방이 대화하고 싶어 하는 욕구를 잘 알고 있다고 표현하고, 공유하려는 상대방 마음에 진심으로 응답하고 싶다는 의지와 그것이 상대방에게 얼마나 중요한지 이해한다는 뜻을 보여주세요. 상대방의 욕구를 존중하고 싶지만 지금은 자신이 산만한 상태라 상대방에게 도움이 되지 않을 것 같다고 설명해주세요. 그리고 온전히 집중할 수 있을 때 곧 다시 일정을 잡아서 이야기하자고 제안하는 겁니다. 공감자로서 자신의 역할에 책임을 다하셔야 합니다.

반영하기

비폭력대화 교육에서 배운 내용 중에 제가 공감하는 과정에서 정말로 효과적이구나 하고 깨달은 한 가지 방법은 반영하기입니다. 누군가의 말에 다른 사람의 생각을 보태거나, 다른 생각으로 흐름을 깨뜨리지 않으면서 그와 함께하는 방식이지요.

제가 교육을 마치고 이탈리아로 돌아가는 길에 반영하기를 곧바로 실천
에 옮길 수 있는 기회가 있었습니다. 이제는 고인이 되셨지만 생전에 사
랑했던 103세 대모님과 통화를 하고 있었는데, 뜻밖에도 대모님이 "죽
고 싶다"고 말씀하시더군요.

비폭력대화를 공부하기 전이었다면 저는 즉시 불편한 제 마음을 털어
버리려고 "그런 말씀 하지 마세요. 당연히 안 그러실 거잖아요! 오늘 하
루가 그저 별로였을 뿐이에요. 그게 다라고요."라는 식으로 위로의 말을
건넸을 겁니다. 그 대신 제 안의 작은 목소리가 '방해 요소를 조심해!'라
며 저를 멈춰세웠고, 저는 방향을 바꾸어 로젠버그의 권고사항을 따랐
습니다.

> "그래서 할머니 죽고 싶으세요?"라고 되물었지요.
> "그래." 대모님은 말을 이어갔습니다. "이 삶이 지긋지긋해. 이 집
> 도 그렇고. 여기에는 대화를 나눌 만한 흥미로운 사람이 없어. 매번
> 똑같은 대화가 정말이지 지루해."
> "그러니까 할머니는 대화다운 대화가 그리우신 거예요?" 저는 대모
> 님의 말씀을 따라가며 말을 건넸습니다.
> "그렇지. 그리고 이제는 잘 보이지도 않아… 시력이 점점 나빠지고
> 있어. 너도 내가 얼마나 책을 좋아하는지 알잖니."
> "맞아요, 할머니. 진짜 책을 좋아하시잖아요." 저는 맞장구를 쳤습
> 니다.
> "그래. 내 생명줄이지. 책이 무척 그리워. 특히 자서전이 말이야. 그
> 리고 이젠 청력도 떨어져서 라디오도 들을 수가 없어. 진짜 답답해!"

"그러게요. 정말 답답하실 것 같아요." 저는 대모님의 말씀을 계속 따라갔습니다.

"맞아. 너도 알다시피 난 항상 Radio4²를 들었잖니. 우리 가끔 같이 듣기도 했잖아. 진짜 좋아하는 채널인데… (멈춤) 내가 불평하면 안 되지. 그것 말고는 제법 건강하니까."

"맞아요. 놀랍다니까요. 평생 정말 건강하게 살아오셨어요."

"그래, 생각해 보니 정말 그렇네. (멈춤) 그러고 보니 애야, 넌 어떻게 지내니?"

통화를 마친 후에 저는 과거에 대모님과 나누었던 대화들을 돌아봤습니다. 그저 '함께'하기보다 대모님을 '바꾸려고' 했던 적이 얼마나 자주 있었는지 말이지요. 대모님의 문제를 해결해드리고 싶은 개인적 책임감을 잠시 뒤로 미루었더니 대모님의 세계로 들어가 대모님의 감정과 곤란한 처지에 더 온전하게 연결될 수 있었습니다. 저는 대모님에게 자신의 생각과 감정을 '이야기'할 수 있는 심리적 공간을 제공할 수 있었고, 대모님은 자신의 생각과 감정들을 샅샅이 어루만진 뒤에 자연스럽게 혼자만의 즐거운 생활로 돌아갔습니다. 그 후로 저는 사람들이 자신의 말을 들어주기 원할 때 반영하기를 연습했고, 이것이 치유의 효과가 매우 뛰어나다는 점을 알게 됐습니다.

한번은 의사인 조카에게 흥미로운 이야기를 들었습니다. 이런 유형의

---

2   영국 공영방송인 BBC가 1967년에 런칭한 채널로, 뉴스, 코미디, 토크, 드라마 프로그램 등을 방송한다.

공감 연습이 현재 영국의 일부 의료기관에서 실시하는 환자 상담 교육에 포함되어 있다는 내용이었습니다. 수습 의사는 환자 역할을 맡은 전문 배우에게 도움을 받으며 상담 첫머리에 순수한 공감에 전념하는 법을 배워서, 환자가 진단 및 치료 단계로 이동하기 전에 안전하게 보살핌을 받는다는 느낌이 들도록 한다고 합니다. 조직에서 이런 교육을 조금만이라도 받는다면 우리 모두에게 큰 도움이 될 겁니다.

간단한 공감하기 연습
누군가 난관에 부딪혀 여러분을 찾아온다면 이렇게 해보세요.

- 숨을 크게 들이마시고 천천히 집중하세요.
- 다른 사람을 도울 수 있는 기회임을 의식적으로 되뇌세요.
- 그리고 귀, 눈, 마음, 가슴 등 잘 듣기 위한 채널을 모두 엽니다.
- **무음 모드**로 전환하시고요.
- 공감에 방해되는 요소를 **치워두세요.**
- 그 사람을 **고치려** 하지 마세요.
- 때때로 그들이 하는 말을 따라서 **반복**하며 집중하는 모습을 보여 주세요.
- 그 사람이 충분히 공감을 받은 것처럼 보이면 다른 방법으로 도울 수 있는지 물어 보세요.

이 단순하되 의식적인 행동은 짧은 시간 안에 사람들 사이에 깊은 신뢰를 심어줍니다. 또한 사람들이 자신만의 해결책을 찾을 수 있도록 힘을 북돋워주는 가장 좋은 방법이기도 하지요. 힘 북돋워주기라는 주제와 관련해서 저는 항상 직원들이 리더를 찾아와 도움을 요청하면 리더는 일단 멈추고 스스로에게 이렇게 질문해 보라고 요청합니다.

- 나는 이 상황에서 무엇을 하고 싶은가?
- 나의 의도는 무엇인가? 그들을 위해 문제를 해결주고 싶은가, 아니면 그들이 스스로 해결책을 찾도록 도와서 그들을 더 독립적이고 책임감 있게 이끌고 싶은가?

공감은 다른 사람의 욕구를 이해하는 행위입니다. 자신의 문제를 탐구하는 법을 배우고 스스로 두세 가지 해결책을 생각해내어 상사와 논의할 수 있는 사람은 매우 귀한 구성원이죠.

3. 상상력과 관점 취하기

공감을 효과적으로 실천하는 데 필요한 또 다른 기술은 다른 관점을 탐구하는 능력입니다. 말하자면 공감의 인지적 측면인데요, 헨리 포드는 이렇게 말한 적이 있습니다. "성공하는 비결이 한 가지 있다면 그것은 다른 사람의 관점을 이해하고 자신의 관점뿐 아니라 그들의 관점에서 세상을 바라보는 능력이다." 우리는 자신의 목표에 집중한 나머지 다른 사람의 관점에서 바라본다는 생각을 놓칠 때가 꽤 있지요.

- 해외에 있는 자회사로 이메일 '보내기'를 클릭하기 전에 그 이메일이 받는 사람에게 어떤 영향을 미칠지 상상해 보시나요?
- 다음 회의를 시작하기 전에 사람들이 회의 주제를 어떻게 생각하고 느끼는지 잠시 상상해 본 적이 있을까요?

- 우리는 다른 사람의 관점을 받아들일 준비가 얼마나 되어 있습니까?
- 우리는 얼마나 자주 다른 부서 동료들이 맞닥뜨린 문제를 이해하려고 진심으로 시간을 할애합니까?

관점 취하기는 다른 사람과 관계를 맺을 때 활발하게 작동시켜야 하는 중요한 적응 기술 중 하나입니다. 관점의 차이로 오해나 갈등이 생겼을 때 바람직한 결과를 내려면, 서로의 관점을 충분히 이해하기 위한 시간을 보내는 것이 중요합니다. 그러려면 우리의 목표가 함께 목적지에 도달하는 것임을 스스로 끊임없이 되새길 필요가 있습니다.

만일 우리가 고집을 부리며 상대방의 관점이나 감정을 탐구하지 않는다면, 대화의 질이 순식간에 떨어지겠죠. 관점 취하기는 다른 사람의 의견에 동의한다기보다는 다른 관점을 존중하고 인정하는 태도를 보여준다는 걸 의미합니다. 이런 태도가 습관이 되면 다른 사람들도 비슷한 반응을 보일 가능성이 높아집니다. 다른 사람에게 영향을 미치려면 우리가 먼저 그들의 영향력에 마음을 열어야 하겠지요.

인간은 놀라운 상상력을 갖고 있습니다. 상상력은 존재하지 않는 것을 마음속에 떠올릴 수 있는 능력이죠. 이 상상력이 발휘될 때 우리는 다른 사람의 의식과 관계를 맺습니다. 상상력을 억누르면 다른 사람을 향한 공감도 억눌리고, 결국 끔찍한 폭력과 전쟁을 저지르게 됩니다.

호주 빅토리아주의 눈 덮인 산에는 쿠리라고 불리는 원주민 부족이 있습니다. 그들에게는 삶의 신조가 네 가지 있는데, 그중 하나가 관점을 넓히면 결국 깨달음에 이를 수 있다는 믿음입니다. '다양한 관점'으로 삶에 다가가기를 권고하는 이 철학은 '야 아잇 미드텅'이라고 불리는데, 그들은 이렇게 믿는다고 합니다.

> 다양한 관점은 지각의 열쇠
> 지각은 이해의 열쇠
> 이해는 존중의 열쇠
> 존중은 조화의 열쇠
> 조화는 기쁨의 열쇠
> 기쁨은 깨달음의 열쇠

우리가 다른 관점에 개방적일수록 우리 자신의 아이디어도 더 강력해집니다. 그러나 압박에 짓눌려 조급하게 생각할 때면 스스로의 생각에 주의를 기울이지 않고 기본 메커니즘으로 되돌아가 섣불리 추정하고 성급하게 결론을 내리고 말죠. 이런 경향은 우리가 공감에 다다르는 길을 확실히 차단합니다.

4. 공감적 경청

공감하려면 매우 주의 깊은 경청 기술이 필요합니다. 사람이 발산하는 모든 신호에 주의를 기울여야 하니까요. 그래서 우리 자아에는 또 다른 도전입니다. 대개 우리는 제대로 귀 기울여 듣는 대신 응답할 준비를 하며 자신이 말할 차례를 기다리거든요. 우리는 대화를 나누면서 얼마나 자주 우리의 듣기 능력을 의식적으로 모니터링할까요?

공감적 경청에는 단순히 상대가 언급하는 단어를 인식하거나, 반영하거나, 심지어는 이해하는 것 이상의 의미가 있습니다. 커뮤니케이션 전문가들에 따르면 우리가 주고받는 의사소통의 10퍼센트만이 말로 표현된다고 합니다. 나머지 30퍼센트는 소리로, 60퍼센트는 신체언어로 표현된다는군요. 그래서 공감적 경청을 하려면 귀와 머리뿐 아니라 눈과 마음으로도 경청할 필요가 있습니다. 《성공하는 사람들의 7가지 습관》의 저자이자 컨설턴트인 스티븐 코비는 이렇게 말합니다. "당신은 느낌과 의미에 귀를 기울이고, 행동에 귀를 기울이고, 좌뇌뿐 아니라 우뇌를 사용하며, 감지하고 직관하고 느낀다." 연결 의자는 특별히 노력해서 경청의 이 부분을 연습하자고 우리를 초대합니다. 우리의 관심은 그 사람의 생각뿐 아니라 특히 느낌과 욕구에 있으니까요. 알아차림 의자에 앉아서 우리는 스스로의 느낌과 욕구에 귀 기울이는 법을 배웠습니다. 난관에 부딪히면 이제 우리는 스스로에게 '나는 무엇을 느끼고 있지?' '여기서 나에게 중요한 건 뭘까?' '나한테는 무엇이 필요하지?'라고 묻습니다. 자기 인식이 높아진 상태인 거죠.

연결 의자에 앉으면 초점을 상대에게로 돌려서 '그들은 무엇을 느끼고 있지?' '지금 그들에게 중요한 건 뭘까?' '그들에게 지금 필요한 건 뭘까?'라고 묻게 됩니다. 그래서 상대방의 '무엇이 잘못됐는지'에 집중하거나 판단하는 대신, 상대방과 공감할 수 있는 방법을 찾습니다.

공감과 리더십

오늘날 리더로 성공하기 위해서는 공감이 얼마나 중요할까요? 심리학자이자 경영사상가인 대니얼 골먼(Daniel Goleman)은 《하버드 비즈니스 리뷰》에 기고한 글 '리더의 자질은 무엇인가(What Makes a Leader[3])?'에서 리더십을 위해 공감이 중요한 이유를 세 가지 설명합니다.

- (골먼이 '부글부글 끓는 감정의 가마솥'이라고 부르는) 팀의 활용성이 높아진다.
- 직장 내 다양성과 세계화의 속도가 빠르다.
- 인재, 특히 젊고, 독립적이며, 유능한 인력을 유치할 필요성이 커진다.

골먼은 이렇게 말합니다. "공감할 줄 아는 리더는 주변 사람들에게 동감하는 것 이상을 합니다. 그들은 섬세하되 중요한 방식으로 회사를 개선하기 위해 자신들의 지식을 활용하죠." 이 말은 모든 사람의 관점에 동의한다거나 다른 사람의 기분을 맞춰주려고 노력한다는 의미가 아닙니다. '현명한 결정을 내리는 과정에서 다른 여러 요인과 더불어 직원의 감정을 신중하게 고려한다'는 뜻입니다.

창조적리더십센터(CCL)의 연구는 이런 부분을 뒷받침하며 리더십의 본질이 변화하고 있음을 보여줍니다. 직장에서 다양성이 증가하는 만큼, 이제 리더는 옆 사무실이나 건물에 있는 사람들은 물론 서로 다른 역사, 관점, 가치, 문화를 지닌 사람들과도 업무를 조율하고 그들이 공동 목표에 전념할 수 있는 여건을 마련해야 합니다. 그래서 관계를 구축하고 유지하는 일에 한층 더 중점을 두지요. 공감은 이를 달성하는 열쇠입니다.

---

3 https://hbr.org/2004/01/what-makes-a-leader

창조적리더십센터는 38개국 6,731명의 관리자가 작성한 데이터를 분석해 두 가지 주요한 결과를 얻었습니다.

1. 공감은 업무 성과와 긍정적인 관련이 있습니다.

관리자는 창조적리더십센터의 '벤치마크 360도' 도구를 사용해 다음 네 가지 항목을 마련하고 부하 직원의 평가를 받았습니다.

- 다른 사람이 보이는 과로 징후에 민감한가?
- 다른 사람들의 욕구, 희망, 꿈에 관심을 보이는가?
- 개인적 문제가 있는 직원을 기꺼이 도와주는가?
- 사람들이 개인적 상실감을 드러낼 때 연민의 마음을 전하는가?

그 결과, 공감은 업무 성과와 긍정적인 관련이 있으며, 직속 부하 직원에게 공감할 줄 아는 관리자일수록 상사에게도 업무 수행 능력이 우수하다는 평가를 받는 것으로 나타났습니다. 코칭, 멘토링, 피드백 주고받기, 위임 및 경력 계획과 같이 관리자에게 필요한 여러 역량 강화 기술에는 잘 발달된 공감 능력이 필요합니다. 그만큼 공감 능력은 21세기 성공적인 리더십의 토대가 되고 있습니다.

2. 공감은 가부장적 리더십을 선호하는 권력거리지수[4]가 높은 문화에서 특히 중요합니다(이를테면 중국, 이집트, 말레이시아, 싱가포르, 대만).

4　호프스테더(Geert Hofstede)의 권력거리지수(power distance index, PDI)이론에 따르면 권력거리란 "조직이나 단체, 가족 단위에서 권력이 적은 구성원이 권력의 불평등한 분배를 수용하고 기대하는 정도"를 나타낸다.

두 번째 발견은 관리자가 서로 다른 관점과 경험을 보유한 사람들을 이해해야 하는 문화 간 작업과 관련이 있습니다. 이런 작업은 정말 힘든 일이 될 수 있습니다. 우리가 서로 다른 지역의 요리와 전통을 즐기는 일처럼 매우 피상적인 수준에서 차이를 받아들이는 건 능숙합니다만, 전통, 관점, 가치, 행동양식이 서로 다른 문화권에서 모범사례를 공유하고 협상할 때는 고도의 공감 기술을 동원할 필요가 생기기 때문이죠.

"여자는 조용히 하시오!": 공감이 필요한 순간

다섯 개의 의자 프로그램에 있는 문화 간 경영 세션을 진행하던 시간에 한 젊은 이탈리아 직원이 말문이 턱 막힌 경험을 공유했습니다. 상대인 일본팀과 화상회의를 하던 중 일어난 일이었습니다.

그가 속한 이탈리아팀 리더가 재무 데이터를 일본팀에 제시한 다음, 공동 프로젝트에서 다루어야 하는 몇 가지 문제 해결 영역의 개요를 설명하기 위해 기술 전문가인 클라우디아에게 발언권을 넘겼습니다. 그런데 클라우디아가 설명을 시작하고 채 몇 분도 지나지 않아서 일본 팀장이 "여자는 조용히 하시오!"라면서 끼어들더랍니다. 당연히 이탈리아 팀원들은 이 말을 듣고 충격을 받았죠. 모두의 시선이 리더에게로 향했습니다. 그가 그 순간에 어떤 선택을 하건 자신의 팀과 상대인 일본팀, 그리고 당면한 사업에 근본적인 영향을 미칠 터였습니다. 그에게 달린 일이었습니다. 여러분이라면 어떻게 했을까요?

이 상황에서 나올 수 있는 반응은 경우의 수가 수없이 많지만, 한 가지는 확실합니다. 협상을 계속하려면 순발력 있는 사고력, 사람을 꿰뚫어

보는 뛰어난 통찰력, 문화 지능, 다방면의 공감 기술이 한데 어우러져야 한다는 사실이죠. 이 자극을 다섯 개의 의자에 적용해서 의자마다 어떤 반응이 나타날 수 있는지 살펴보겠습니다.

상황: 밀라노에 있는 이탈리아팀과 도쿄에 있는 일본팀이 참여하는 화상회의

의제: 공동 프로젝트 현황 보고

자극이 된 발언: "여자는 조용히 하시오!"(일본팀 리더가 이탈리아팀 여성 엔지니어를 향해)

팀 리더의 선택지

공격

생각: '감히 클라우디아에게 그런 식으로 말을 하다니! 도대체 자기가 누구라고 생각하는 거지? 일본인은 친절하고 공손한 줄 알았는데, 참, 어이가 없네! 저 인간은 교육을 좀 받아야겠어!'

느낌: 충격, 분개, 화, 적대감

반응: 이의를 제기하고, 일본 관리자의 태도를 공개적으로 비판하며, 사과를 요구하고, 엄포를 놓은 다음, 회의를 중단한다.

영향: 의사소통이 단절되고, 관계가 긴장되고, 신뢰가 깨져서, 협업을 망치고, 갈등이 불거지며, 업무가 중단된다.

자기 의심

생각:　'이제 어떻게 해야 하지? 도와줘! 전혀 예상하지 못한 일이야. 이 상황을 어떻게 처리해야 하나? 아, 낯 뜨거워!'

느낌:　놀람, 불안, 당황, 민망한, 혼란, 무력함, 불안정함

반응:　모른 척하며 주제를 바꾸고, 갈등을 외면하며 초조하게 미소 짓기

영향:　리더십이 깎이고, 일본 팀장의 행동을 용인하는 바람에 이탈리아 팀원들은 배신과 무시를 당하고 버림까지 받았다고 느낀다.

기다림

생각:　'일단 멈춰. 숨을 한번 내쉬고, 침착하자. 판단을 미루고 여유를 찾자. 여기서 뭐가 중요하지?'

느낌:　깨어 있음, 바짝 정신차림, 호기심, 세심함

반응:　판단을 잠시 미루고, 일본인 리더의 행동을 개인적으로 받아들이지 않은 상태에서 침착함을 잃지 않고 합리성을 추구하기

영향:　부정적인 반응이 존재하지 않고, 누구의 편도 들지 않은 채 이해하려는 마음을 보이며, 교류 분위기를 유지하고, 갈등을 방지한다.

알아차림

생각:　'내가 개입해야 하는 상황이야. 이 문제를 단호하되 외교적으로 처리하며 대화를 끌고 나가는 건 내 책임이야.'

느낌:　우려, 놀람, 의무, 책임

욕구:　의식적으로 문제를 해결하기 위해 불쾌감을 주거나 묵인하지 않고 적절하게 대응하기

반응:	내면의 목적을 보여주고, 단호한 피드백을 제공하며, 다양한 관점을 이해하고 설명하기
영향:	문제가 명료해지고 인식을 높이며 긴장이 누그러진다.

연결

생각:	'그가 그렇게 행동한 데는 그만의 이유가 있을 거야. 그가 왜 그랬는지 이해할 필요가 있어. 문화 차이일 수도 있어. 아울러 계속 대화를 끌고 나가려면 클라우디아를 지원하고, 클라우디아와 일본 측 파트너가 화해할 수 있는 분위기를 만들어야 해.'
느낌:	침착함, 인내심, 클라우디아와 일본 동료 모두를 향해 공감과 이해를 보여줌
욕구:	연결을 유지하고, 클라우디아의 역할을 인식하며, 문화적으로 젠더와 관련된 기대치의 차이를 이해하고, 일본인 관점에서 상황을 파악하기
반응:	정서적, 사회적, 문화적 지능
영향:	명확하게 의도를 드러내고, 화해를 끌어내며, 협력을 지속한다.

이 자극에 대응해서 이탈리아팀 리더는 모든 방향의 연결을 유지하기 위해 다각도로 공감하는 접근 방식을 선택할 필요가 있었습니다. 그에게 허락된 찰나의 시간에 해내기에는 어려운 과제였죠. 그는 자신의 반응을 조절해야 하고, 클라우디아와 자신의 팀을 지원하고, 수용 가능한 행동 경계를 설정하기 위해 일본팀 리더에게 단호하되 정중한 피드백을 제공해야 합니다. 그만큼 극도로 집중해야 하고 현존이 필요한 일입니다. 공격 의자와 자기 의심 의자에 앉아서 반응하면 대인관계와 비즈니

스가 모두 파괴될 수 있으니까요.

이 상황을 성공적으로 다루기 위해서는 문화 교류와 관련된 약간의 지식이 필요합니다. 여기서 일본 문화의 젠더 역학에도 관심을 기울여야 하고요. 일본과 유럽에서 여성의 지위는 무척 다르거든요. 일본 비즈니스 맥락에서 여성은 한층 더 복종적인 접근방식을 요구받습니다. 제 친구이자 경영주인 일본 여성에게 비즈니스 맥락에서 일본 여성은 어떤 요구를 받느냐고 물었더니, 친구는 이렇게 대답하더군요.

- 옷차림은 정숙해야 한다 – 수수하게, 보수적으로
- 침묵을 읽어라 – 의사소통에서 가장 미묘한 신호를 읽는 능력을 길러라.
- 협조하라 – '토론'은 공격적이니 논의하기보다는 수용하라. 공개적으로 반박하지 말라.
- 돌려 말해라 – 부드럽게 접근하고, 가지런한 매너를 갖추며, 직접적으로 '아니요'라고 말하지 말라.
- 여성은 신참이다 – 여성은 눈에 띄어서는 안 된다.
- 남자는 결정권자다 – 그들의 뒤를 따르라.
- 규약을 존중하며 준수하라.

이 목록을 보면 클라우디아의 타고난 적극적인 접근방식이 본의 아니게 일본팀 선임 리더의 기분을 상하게 했을 수 있다고 짐작할 만하며, 일본인 팀장이 본능적으로 보인 반응은 클라우디아의 콧대를 꺾는 것이었습니다. 클라우디아 역시 일본 문화의 또 다른 중요한 가치인 체면을 알지 못했습니다. 일본인 앞에서 공개적으로 비판하거나 부정적인 피드백을 제시하면 그의 체면이 손상되고 신뢰에 타격을 입을 수 있거든요. 완벽주의를 중시하고 일반적으로 실패를 용납하지 않는 아시아 문화권과 일본에서 체면은 매우 중요한 문제이기에 특별한 주의가 필요합니다.

이탈리아인 팀장은 실제로 이렇게 말했습니다. "만약 이 화상회의를 계속하려거든 제 동료와 대화를 나눌 때 목소리 톤을 좀 바꿔주시기 바랍니다." 일본인 팀장은 행동을 조절했고, 대화 분위기는 다소 차가웠지만 계속됐습니다. 연결 의자에 앉아서 표현할 수 있는 온전한 반응은 다음과 같습니다.

- 우리 여기서 잠시 멈출까요?(대화를 중단하고 이 분위기에서 벗어나야 한다는 신호)
- 클라우디아가 한 말에 짜증이 나신 것 같네요.(일본인 팀장에게 - 일본인 팀장이 겉으로 드러내는 감정을 관찰하고 짚어준다.)
- 이런 문제를 놓고 여성 동료를 직접 상대하는 일이 익숙하지 않을 줄 압니다.(일본 문화의 의례를 언급한다.)
- 우리 팀에서 클라우디아가 이 문제의 전문가이며 또한 매우 중요한 구성원인 점을 알아주셨으면 합니다.(클라우디아의 가치를 표현한다.)
- 클라우디아가 어떤 식으로든 당신에게 불쾌감을 주려던 의도는 아니었다고 확신합니다.(클라우디아의 의도를 변호한다.)
- 클라우디아는 귀사가 사용하는 프로세스 중 저희 시스템과 호환되지 않는 부분을 우려한 겁니다.(객관적인 언어를 사용하고 문제를 해결하기 위해 공동 책임을 진다.)
- 지금 함께 이 문제를 살펴보고, 효율성을 최대로 끌어올리기 위

한 방법을 찾아볼 수 있을까요?(협력을 재개한다.)

인간 사이에 주고받는 상호작용은 여러 관점이 작용해서 복잡하기 마련인데, 그 순간에 기다림 의자, 알아차림 의자, 연결 의자를 함께 활용하는 방법은 최고의 가이드입니다. 감정이 작용하는 도중에도 침착함을 잃지 않고 연결 상태를 이어가겠다는 의도에 집중하는 태도는 뛰어난 기술과 상당한 연습이 필요하지만, 대개는 대화를 계속 이끌고 나갈 수 있습니다.

결론: 연결 의자

연결 의자가 알아차림 의자와 함께 작동하면 적극적으로 미는 행동과 섬세하게 당기는 행동이 균형을 이룹니다. 그러면 다른 사람을 이해하고 그들과 연결되어 협력할 수 있는 능력이 자랍니다. 우리의 과제는 공격 의자와 자기 의심 의자에서 보내는 시간을 최대한 줄이고, 기다림과 알아차림과 연결의 기술을 쌓아가는 데 집중하는 것입니다.

결론

이 책을 시작하면서 저는 여러분이 인간 행동에 관한 작은 전문가가 되도록 돕고, 여러분이나 여러분의 관계에 도움이 되지 않는 행동을 바로잡는 실용적인 방법을 몇 가지 제공하겠다고 약속했습니다. 그 약속이 실현됐기를 진심으로 바랍니다.

저는 또한 여러분에게 용기를 내어 인내심을 가지고 훈련해주기를 부탁했습니다. 한발 물러서서 일상적 행동과 태도를 돌아보고 질문을 던질 수 있는 용기, 행동을 바꾸는 데는 시간이 걸린다는 사실을 받아들일 만큼의 인내심, 원하는 새로운 행동양식에 익숙해질 때까지 책에서 제안하는 연습을 거듭할 정도의 절제력. 이제 책 막바지에 이르러 여러분이 대화와 관계로 돌아가는 이 시점에 한 번 더 부탁합니다.

이 책을 읽는 것과 이 책에 담긴 메시지를 적용하는 것은 완전히 다른 문제입니다. 여기에 '빠르고 쉬운 해결책'은 없습니다. 끈기와 헌신이 필수이지요. 연습을 거듭하다 보면 수 년간 쌓인 조건화된 반응과 마주할 수 있습니다. 이런 저항에 부딪히는 것이 과정입니다. 하지만 장담하건

대 꾸준히 연습하고 행동에 작은 변화를 주다 보면 관계의 질이 달라지고, 주변에서 협업이 늘어가는 것을 알아차릴 수 있을 겁니다. 마음이 흔들리거나 포기하고 싶을 때마다 다음과 같은 질문을 던지며 스스로를 일깨우고 다시 길을 걸어가세요.

- 내 행동이 나에게 도움이 되는가?
- 내가 감정을 조절하는가, 아니면 감정이 나를 휘두르는가?
- 내 자아가 최고의 상태라면 지금 무엇을 할까?

시간을 내어 다섯 개의 의자를 활용해 보세요. 팀, 친구, 가족과 함께요. 새로운 사람들을 만나면 설명해주고, 일상적인 대화를 나누면서도 언급해 보세요. 피드백을 제공할 때도 가볍게 써보시고요. 안내가 필요할 때 사용하고, 일상생활에도 끼워 넣으세요. 여러분 아이들에게도 가르쳐주시고요.(아이들은 금방 이해합니다!) 동물 비유와 함께 재미있는 시간을 즐겨 보세요. 방에서 자칼이 포착되면 언급하고, 여러분과 다른 사람들 안에 깃든 고슴도치를 풀어내어 마음을 열 수 있도록 초대하세요. 감정이 훼방을 놓으려고 할 때면 미어캣을 따라 하고, 돌고래처럼 놀아 보세요. 그리고 여러분 안에 있는 기린을 키우는 겁니다.

제게 그랬던 것처럼 다섯 개의 의자가 여러분에게도 도움이 되길 바랍니다. 최근 소중하게 가꾸는 관계를 해칠 뻔한 상황에서 제가 다섯 개의 의자를 어떻게 활용했는지, 그 경험담을 여기에 남기고 싶습니다.

제 인생에 아주 중요한 젊은 여성이 있는데, 사미라라고 합니다. 제 파트너의 딸이지요. 저와 파트너의 행복을 위해 사미라와 유대감을 형성하는 일이 전략적으로 중요했습니다. 그래서 우리 여자 둘이서만 밀라노에서 오붓하게 시간을 보내기 위해 저녁 일정을 짜기로 했답니다. 사미라를 깜짝 놀라게 해주고 싶어서 맨해튼 트랜스퍼가 공연하는 밀라노의 블루노트 재즈 클럽을 예약했는데, 베이비부머 세대인 저와 스물다섯 살의 밀레니얼 세대가 함께하기에는 제법 위험부담이 크다는 걸 알고 있었죠. 그래도 맨해튼 트랜스퍼는 제가 젊을 적 노래하던 시절의 한 페이지를 차지하는 뮤지션이기에, 그 감성은 시간이 지나도 변함이 없을 거라는 확신이 있었어요.

우리는 클럽에 도착해서 음료를 주문한 다음 자리를 잡고 앉아 즐거운 시간을 보냈습니다. 조명이 어두워지니 기분이 그만이더군요. 제가 올바른 선택을 한 거죠. 우리 사이의 분위기는 완벽했습니다.

사미라도 흥미를 느끼며 편안하게 집중하는 듯 보였어요. 쇼가 시작됐고, 맨해튼 트랜스퍼는 〈버드랜드(Birdland)〉라는 곡을 연주했습니다. 딱 들어맞는 선곡, 제가 신청한 바로 그 곡이었죠. 저는 발로 박자를 맞추고, 고개를 끄덕이고, 리듬을 타며 본격적으로 음악에 빠져들었습니다. 맨해튼 트랜스퍼는 최상의 컨디션이더군요. 몇 분 후에 사미라도 저와 함께 이 무대를 즐기고 있는지 곁눈질로 확인했더니, 글쎄, 아이폰을 보고 있지 않겠어요!! 목덜미가 뜨거워진 채 저는 곧장 다섯 개의 의자로 뛰어들었습니다. 이렇게요.

공격 의자: '쟤는 대체 뭘 하고 있는 거야? 도저히 믿을 수가 없네! 이 완벽한 저녁 시간을 준비하려고 내가 온갖 수고를 다했는데, 저러고 있단 말이야? 요즘 아이들과는 좀 다르겠거니 했는데. 고마운 줄도 모르고.

정말 실망스러워!'

한바탕 소란을 피운 뒤에야 저는 고슴도치 의자로 옮겨 앉았습니다. '세상에, 나야말로 어리석기 짝이 없네. 이 모든 일이 다 실수라고! 사미라는 맨해튼 트랜스퍼를 좋아하지 않아. 이 그룹이 구식이어서 지루하다 싶겠지. 사미라는 아마 나 역시도 그런 눈으로 쳐다볼 텐데. 나도 참 멍청하지. 내 계획을 밀어붙이기 전에 사미라에게 더 적절한 건 무엇일지 왜 생각하지 않았을까? 항상 이런 식이지! 난 언제 철이 들까? 곧 재앙이 닥칠 거야.'

다행히 그때 마침 기다림 의자가 날개를 펼쳤습니다. '잠깐만 루이스, 진정하세요. 진정해. 성급히 결론 내리지 말고, 무슨 일이 일어나는지 가만히 기다려 보세요. 사미라가 전화로 뭘 하는지 어떻게 알아요? 지금 사미라의 세계에서 무슨 일이 일어나고 있는지 모르잖아요. 심호흡을 하고, 음료를 한 잔 더 드세요!'

내 알아차림 목소리가 일시 정지 모드에서 빠져나와 이렇게 말했습니다. '내가 원하는 건 우리가 멋진 시간을 함께 보내고, 사미라가 우리를 친구로 느끼는 거야. 있는 그대로 나를 받아줄 사람. 필요할 때 사미라가 의지할 수 있는 사람. 그건 정말 엄청난 선물이 될 거야.'

내 머릿속에서 들리는 다음 목소리는 '사미라의 욕구와 연결해. 가장 소중한 것 말이야!' 였다가 아무 생각이 안 나고, 다시 '사미라에게 중요한 건 뭐지?'라는 소리가 들리다가 또다시 멍하고, 그러다 또 '내가 가르치는 거잖아!'라는 소리가 들리고.

맨해튼 트랜스퍼가 연주를 멈출 때까지도 여전히 저는 답을 찾고 있었습니다. 제가 자신 없는 미소로 사미라의 평가를 기다리며 돌아섰을 때, 사미라는 저를 바라보며 이렇게 말하더군요.

"루이스, 여기가 유럽에서 유일한 블루노트라는 거 알고 있었어요? 본점이 1981년 뉴욕에서 문을 열었고, 지점이 일본에 두 개, 여기 밀라노가 네 번째네요. 심지어 런던에도 없는데 여기 밀라노에 있다니! 정말, 굉장해요. 그리고 방금 맨해튼 트랜스퍼를 찾아봤어요. 이 사람들, 사십 년 동안 함께 공연을 해왔다는데요? 아니 어떻게 그럴 수 있었을까요, 진짜 놀랍죠? 그리고 보세요." 그러면서 사미라가 제게 휴대폰을 건네는 거예요. 보니까 방금 페이스북에 포스팅을 했더라고요. 이렇게요. "루이스와 함께 밀라노 블루노트에서, 최고!"

우리는 서로를 바라보며 뿌듯한 미소를 지었습니다.

부록

다음은 전형적인 자칼의 생각과 이야기입니다. 목록을 읽고 직장에서 벌어지는 일상적인 상황을 선택해 보세요. 예를 들면 회의 참석/주제, 동료와 함께 의사결정 내리기, 운전 또는 대중교통 이용하기, 상사에게 건의하기, 거래 협상하기 등이 있습니다. 자칼 탐정 모자를 쓰고 앞에 놓인 상황에서 자신을 면밀히 관찰해 보세요. 마치 가만히 쥐를 지켜보는 고양이처럼요. 발견-관찰-식별, 그리고 표면에 드러나는 자칼을 체크해 보세요.

체크	당신의 행동/생각	자칼 카테고리
	내가 옳아.	최고 심판관
	그건 그 사람들 잘못이야.	손가락질하는 사람
	그건 정신 나간 생각이지.	최고 비평가
	우리 방식이 더 나아.	비교하는 사람
	당신은 지금 자신이 무슨 말을 하는지 모르는 것 같아.	묵살하는 사람
	내 문제가 아니야.	책임을 전가하는 사람
	그는 멍청해.	모욕하는 사람
	그 사람 최근 소식 들었어? 음…	가십 잡담꾼
	나는 협조하지 않을 거야.	방해하는 사람
	그건 내 일이 아니야.	책임을 회피하는 사람
	그 사람은 대가를 치르게 될 거야.	처벌하는 사람
	상사는 나야. 그냥 시키는 대로 해!	불도저
	나는 이걸 해야만 해. 선택의 여지가 없어.	포기하는 사람
	왜 늘 나한테만 이런 일이 벌어지는 거야! 불공평해!	피해자
	나만 볼 거야!	정보 수집가
	IT 사람들은 괴짜야! 영국인은 냉정해!	판정하는 사람
	당신 태도가 부정적이어서 집단/상황의 '분위기'가 바뀌었어.	찬물을 끼얹는 사람

기린은 연결과 공동체, 웰빙과 안전에 영감을 줍니다. 강력하고 단호하되 평화롭고 온화하죠. 판단하지 않고, 비난하지 않고, 요구하지 않고, 위협하지 않는 생각과 행동을 펼칩니다. 갈등을 줄이고 세계 평화를 위해 노력합니다.

- 하루 동안 직장 동료들 모습에서 기린의 특성을 찾아보세요.
- 다양한 업무 상황에서 자신이 기린의 어떤 행동으로 처신하는지 모니터링하는 데 시간을 할애해 보세요.

체크	기린 생각/ 행동	기린 카테고리
	천천히 하세요. 이 일이 어렵다는 걸 알고 있어요.	참을성 있는 기린
	당신은 팀을 위해 훌륭한 일을 해냈어요. 기여해주셔서 진심으로 감사합니다.	감사하는 기린
	무엇을 도와줄까요?	보살피는 기린
	우리는 우리가 맺은 합의를 존중하는 것이 중요합니다. 다른 행동을 한다면 그건 비윤리적이죠.	윤리적인 기린
	최근에 많은 일을 겪었잖아요. 많이 지쳤을 거예요.	연민하는 기린
	이 문제에 대해 아주 솔직하게 말하고 싶어요.	진정성 있는 기린
	그건 내 실수였어요. 미안합니다. 내가 정리할게요.	책임감 있는 기린
	이것 좀 도와주시겠어요? 내가 못 하겠어요.	취약성을 인정하는 기린
	당신에게 더 나은 관리자가 되려면 어떻게 해야 할까요?	겸손한 기린
	당신 처지를 이해해요.	존중하는 기린
	한 번도 해보지 않은 일이라는 건 알지만, 충분히 해낼 수 있을 거라고 믿어요.	신뢰하는 기린
	도움이 필요할 때면 얘기해주세요.	친절한 기린

체크	기린 생각/ 행동	기린 카테고리
	요즘 피곤해 보이던데, 좀 쉬세요.	공감하는 기린
	당신이 이야기하는 도중에 말을 끊었어요. 죄송해요!	사과하는 기린
	내일까지는 모두 받을 수 있도록 할게요. 믿어주세요.	책임감 있는 기린
	하면 할 수 있다는 걸 알고 있어요. 용기를 내어 시작해 보세요.	용기를 심어주는 기린
	누구나 한 번쯤은 실수합니다. 다시 한번 살펴보세요.	용서하는 기린
	당신은 진짜 영업에 소질이 있어요. 앞으로 당신 미래는 밝다고 생각해요.	칭찬하는 기린

정신 식이요법: 자칼식 사고방식에서 벗어나는 궁극의 해독제

장담하건대 이 훈련은 여러분이 일생 동안 시도해 본 일 중 가장 어려울 겁니다. 여기에 비하면 마라톤 풀코스는 어린애 장난이죠. 실패할 가능성이 높지만 호기심을 잃지 말고, 회복탄력성을 유지하세요. 포기하지 마시고요. 아일랜드인인 에밋 폭스(Emmet Fox)가 정신 식이요법이라는 훌륭한 아이디어를 제시했습니다.

이론: 정신 식이요법의 근거가 되는 이론은 무엇일까요? 먼저 몇 가지 통계를 살펴보겠습니다. 연구 결과에 따르면 우리는 하루에 최대 칠만 가지 생각을 하는데, 그중 다수가 무의식적인 생각이라고 합니다. 이는 시간당 삼천 가지, 분당 약 오십 가지 생각을 낳는 엄청난 양이지요.

우리 안에 깃든 생각은 다른 사람의 행동이나 새로운 상황을 마주칠 때 떠오릅니다. 그리고 다른 사람과 대화를 나누는 중에, 아니면 미디어,

소셜 네트워크, 가십을 통해 전달되죠. 하지만 자신이 매일 어떤 유형의 생각(적어도 의식적인 생각)을 하는지 얼마나 인식하고 있나요? 자신의 마음이 부정적인 생각을 하도록 내버려두고 있습니까? 자신의 생각을 통제할 수 있을까요? 함께 알아보시죠.

연습: 정신 식이요법은 어떻게 연습할까요? 어려운 과정이니, 마음의 준비를 단단히 하기 바랍니다.

- 머릿속에서 떠드는 목소리에 천천히 귀를 기울이세요.
- 어떤 생각이 떠오르면 주의를 기울이세요.
- 그 생각의 성격을 명확하게 파악해 보세요. 잠재적으로 부정적인 생각인가요? 아니면 새로운 자칼 생각인가요?
- 일단 발견되면 그 존재를 관찰하세요.
- 그 생각을 판단하거나 즐기거나 곱씹지 마시고요.
- 거기에 얽매이지도 마세요.
- 다시 말해 그 생각을 믿지도, 두려워하지도, 힘을 실어주지도 말라는 뜻입니다. 그저 거기에 있는지만 관찰하세요.
- 그런 다음 즉시 **행동**하세요. 부정적인 생각을 소매에 떨어진 불똥으로 여기고, 화상을 입기 전에 바로 털어내는 겁니다.
- 이제 주의를 옮겨갑니다.
- 긍정적인 생각을 불러내세요. 이를테면 상황이나 사람에 대해 옳은 것이 무엇인지, 어떻게 돕거나 기여할 수 있는지 생각한 다음 집중하세요.
- 부정적인 생각이 스며들 때마다 이 과정을 반복하세요.

연습하다 보면, 사고 습관을 바꾸려는 시도에 훼방을 놓는 막강한 내면의 자칼 무리와 마주치게 될 겁니다. 우리는 간섭을 달갑게 받아들이지 않도록 수년간 길들여졌으니까요. 그 의도가 아무리 좋더라도 말입니다.

이 연습은 힘들고 엄청난 훈련이 필요하지만 절망하지 마세요. 가장 중요한 건 실시간으로 기억하는 겁니다. 우리는 대부분 자신의 사고 패턴을 의식하지 못하기 때문에 이 식이요법에는 만만찮은 마음 관리가 필요합니다. 그러니 단계적으로 시도해 보세요. 한 시간, 반나절, 하루 종일, 그러다 연속해서 일주일 동안, 가급적이면 상대적으로 스트레스가 적은 기간(휴일?)에 시도하는 겁니다. 어쩌면 방심하다가 훈련하고 싶지 않은 유혹에 빠지게 될지도 모르죠.

하지만 꾸준히 연습하면 그 보상은 엄청납니다. 마음이 가벼워질 거예요. 독성이 있는 정신적 음식을 줄일 수 있고요. 그렇게 더 행복하고, 더 명랑해질 겁니다. 인생이 바뀔 겁니다.

영감의 원천

다음과 같은 책을 읽고 지혜와 영감을 얻었습니다. 진심으로 감사드립니다.

Dialogue and the Art of thinking together, William Isaacs, Doubleday 1999: 윌리엄 아이작스, 정경옥 옮김, 《대화의 재발견: 더불어 생각하고 반성하는 방법》 에코리브르, 2012.

The New Leadership Paradigm, Richard Barrett, Lulu.com 2010.

The Inner Game of Tennis, W. Timothy Gallwey, Pan Books 1986.

A New Earth, Eckhart Tolle, Plume 2005: 에크하르트 톨레, 류시화 옮김, 《삶으로 다시 떠오르기》, 연금술사, 2013.

Destructive Emotions, Daniel Goleman, Bantam Books 2003.

Nonviolent Communication, A Language of Life, Marshall Rosenberg, PuddleDancer Press 2005: 마셜 로젠버그, 캐서린 한 옮김, 《비폭력대화: 일상에서 쓰는 평화의 언어, 삶의 언어》(개정2판), 한국NVC출판사, 2024.

Man's Search for Meaning, Viktor E. Frankl, Rider 1959: 빅터 프랭클, 이시형 옮김, 《빅터 프랭클의 죽음의 수용소에서: 죽음조차 희망으로 승화시킨 인간 존엄성의 승리》, 청아출판사, 2020.

Conscious Business, Fred Kopfman, Sounds True 2006.

A Theory of Everything, Ken Wilber, Shambhala 2006: 켄 윌버, 김명권·민회준 옮김,《켄 윌버의 모든 것의 이론》, 학지사, 2015.

The 7 Habits of Highly Effective People, Steven Covey, Simon and Schuster 1989: 스티븐 코비, 김경섭 옮김,《성공하는 사람들의 7가지 습관》, 김영사, 1994.

Hiring for Attitude, Mark Murphy, McGraw Hill 2012: 마크 머피, 이병철 옮김,《HIRING FOR ATTITUDE》, 북메이드, 2020.

The Empathy Factor, Marie R. Miyashiro, PuddleDancer Press 2011.

Roots of Empathy - Changing the world child by child, Mary Gordon, Thomas Allen 2005: 메리 고든, 문희경 옮김,《공감의 뿌리: 아이들 한 명 한 명이 세상을 바꾼다》, 샨티, 2010.

From Conflict to Creative Collaboration, Rosa Zubizarreta, 2 Harbors 2014.

Living Beautifully with Uncertainty and Change, Pema Chodron, Shambhala 2013.

Daring Greatly, Brené Brown, Penguin 2012: 브레네 브라운, 안진이 옮김,《마음 가면: 수치심, 불안, 강박에 맞서는 용기의 심리학》, 웅진지식하우스, 2023.

Reinventing Organisations, Federic Laloux, Nelson Parker 2014: 프레데릭 라루, 박래효 옮김,《조직의 재창조: 세상을 바꾸는 혁신적 조직 재창조에 대한 이야기》, 생각사랑, 2016.

다섯 개의 의자 다섯 가지 선택

−탁월한 팀을 만드는 데 꼭 필요한 대화법

펴낸날	초판 1쇄 발행 ǀ 2025년 5월 23일
지은이	루이스 에반스
옮긴이	이진희
감 수	김보경
펴낸이	캐서린 한
펴낸곳	한국NVC출판사
편집장	김일수
마케팅	권순민, 고원열, 구름산책
인 쇄	천광인쇄사
용 지	페이퍼프라이스
출판등록	제312-2008-000011호 (2008. 4. 4)
주 소	(03035) 서울시 종로구 자하문로 17길 12-9(옥인동) 2층
전 화	(02)3142-5586 팩스 ǀ 02)325-5587

홈페이지 www.krnvcbooks.com **인스타그램** kr_nvc_book **블로그** blog.naver.com/krnvcbook
유튜브 youtube.com/@nvc **페이스북** facebook.com/krnvc **이메일** book@krnvc.org

ISBN　　979-11-85121-60-4 03190